決勝

〈隱藏在世界領袖中的人格特質與內在領導〉

內在領導力

張曼琳 著

命運寫在每個人自己的心上

蔡志忠（圖文）

印度吠陀經說：「如果一個人四十歲時還沒有覺悟，便如同死亡。」

我們打開門走出去，是因為知道要去哪裡。我們開車上高速公路，知道要去什麼目的地。然而人生這麼大的旅程，大多數人竟然走了大半輩子，還不知道自己的目的地，豈不是很荒謬。

隨波逐流，沒有目標的人生，像一艘沒有羅盤、航海圖，漂流於汪洋中無法靠岸的孤船。我們有幸來此一輩子，應該先想清楚這一生應該怎麼過？這輩子應該怎麼走？

從前兩岸還沒有直航的時代，我超過五十次在香港機場轉機要回台灣，對於歸心似箭的我，才懶得理別人要去紐約、倫敦或巴黎。由於我們自己沒有明確的目的地，才會亂羨慕別人要去夏威夷或是大溪地。如果我們清楚知道自己人生的目的地，才懶得理別人高升什麼職位，今年賺了多少億。

明朝無異元來禪師說：「人自出生以來，要疑：生從何來？死向何方？」套用西方的講法就是：「我是誰？我從哪裡來？我要去哪裡？」孔子說：「性相近，習相遠。」我們每個人剛出生時其實相差不大，通過不同的學習，每個人變得不相同。除了個人能力之外，每個人的習性也很不一樣，由於能力、習性不同，所造成的人生之路也變得人人與眾不同。

二十年前，我曾在報章雜誌看過人性格的孔雀型、老虎型等分類的說法，覺得將個性分成五類很有意思。後來發現這 PDP 學說的作者張曼琳很巧的跟我住在同一棟大樓，因此有機會請他替我和溫世仁先生做 PDP 性向分析，我是個非常瞭解自己的個性與優缺點的人，我瞭解自己的能力與個性，有如我知道自己銀行存款簿到底有多少錢一樣精確。PDP 的分析結果嚇了我一跳！因為看似毫無關係的六十題問卷圈選，所得到的結果竟然準確得嚇人！

張曼琳跟我解釋說：「雖然問卷的問題乍看起來好像毫無關係，但這是通過四百萬個實際個案調查的統計資料庫所做出來的結果，所以才會這麼精準。」

舞出一生華麗，人是矛盾的！既期盼能出類拔萃鶴立雞群，卻又深怕自己與眾不同。每個人都生而與眾不同，每個人都有獨特的一面。

如果我們不發揮自己獨特的一面，而行為習慣價值觀與大家都一樣，卻又期望自己能出類拔萃，這豈不是非常矛盾？我們來這一輩子到底為的是什麼？每天為生活而忙，所為何來？難道我們只能被動的隨著生活的腳步行動？而不能率性唱出自己的生命之歌？隨著內心的節奏、韻律自己獨舞？

我們有幸來此一生，雖然生命難得、人身難得，但大多數人都渾渾噩噩毫無計畫匆匆過此一生。有多少人能在一開始便先想清楚這難得的一生到底應該怎麼過？應該怎麼走？難道非得等到夕陽將盡，我們即將死亡離去之時，才再後悔、懊惱不已？

人生是什麼？人生有什麼目的？相信大多數人都曾在他的人生旅途中，思考過這個「人生大問」！但有多少人真正想通人生問題？然後完完全全依自己正確的想法去實踐自己的一生？每個人的內心深處都有一塊心靈聖地！每個人都應往自己內心深處尋找屬於自己的那塊淨土。而哪裡才找得到我們內心深處的那塊寂靜淨土？讀萬卷書不如行萬里路，行萬里路不如閱人無數，閱人無數不如高人點渡，高人點渡不如自己頓悟！

世間迷信命運，命運是無能者的藉口。命運不寫在臉上、命運不寫在掌上、命運不寫在痣上、命運不寫在星相上、命運寫在每個人的心上！每個人當掌握自己的命運，每個人應走出自己的人生之道。

準備得越充足，幸運就越會跟著來。每個人選擇自己的人生之路之前必須先瞭解自己，瞭解自己是人生的第一個智慧！如果我們無法真正瞭解自己，可以做一次 PDP 性向分析，便有如高人點渡般的分析你的心，讓你瞭解自我的領導力到底如何？

推薦序

瞭解自我，選擇你正在做的事

布倫特W‧赫比（領導管理整合系統公司總裁）

如果你問人們：「為什麼你會選擇做你目前在做的事？」，有人可能可以輕易地就回答了；有人卻可能要掙扎許久才能找到答案—特別是那些從未曾允許自己去往內觀照的人。

我認為自己是一個相當幸運的人，因為從我幼小的時候開始，在一種名為「領導管理整合系統」之「領導特質」（PDP ProScan）的測量工具協助下，我就已經深刻地瞭解自己是誰。在做測量時，就算我當時年紀極為幼小，我依舊感到讚歎與興奮不已。它影響我的生命如此之鉅，以致於我甚至夢想著自己有朝一日可以成為領導管理整合系統公司（PDP）的總裁。

我們把時間往前快轉到一九八七年，因緣際會下，我加入 PDP，成為該公司的員工。這是我朝向自己的夢想的第一步。一九九二年，我遇到張曼琳，一個跟我一樣，也對「想要瞭解讓人啟動的人類行為」抱著一份熱情的人！很快地，曼琳成為「領導管理整合系統」（PDP）的行為科學裡的一個學生。她肩負起將這套系統翻譯成繁體與簡體中文的重責大任，好讓她能夠將它介紹給大中華區的無數公司與個人。

無論曼琳到哪裡，她都會應用此一系統，她使用 PDP ProScan 的數據圖表來跟政治與企業領導者進行個人訪談；她在電視與廣播節目中討論台灣現任最高領導人與已卸任的正副最高領導人們的領導風格；她創立一個非營利性質的領袖協會來發展領導力；同時，她也寫了十四本書，討論歷史上許多領導者的領導管理整合（PDP）之領導力以及能量的風格。

曼琳和來自各行各業的人們—從莘莘學子到財富雜誌 500 大企業的總裁—都能有很好的連結。當她在跟人從事一對一的晤談時，她是那麼的了不起。

然後現在，她在她這本新書裡要來跟你分享她在了悟個人力量以及人們因為工作與家庭角色所蒙受的緊張壓力過程中的深刻體驗。

喔！至於我那個想要成為 PDP 的總裁的夢想啊……它在二〇〇一年時成真了！祝福你也能夢想成真！

美國 PDP 公司總裁布倫特 W・赫比（左）& 張曼琳 Marie（中）& 范麥爾 Mac（右）

推薦序

開啟心胸，發掘無限潛力

克里斯多福・孟（知見山負責人）

認識曼琳已經超過十幾年，在這期間她跟我成了非常好的朋友。在曼琳所擁有的傑出特質裡，其中有兩個深深地影響了我的事業和我個人的生活：她開放的心胸和聰穎的智力。才氣煥發的她，結合了敏銳的智慧以及她對於教學的熱情，展現出了她是個具有激勵性、能捕捉人的注意力和高度有趣的溝通者和演說家。當她以典型活潑的方式給出精巧詳細的資訊時，她美妙的幽默感使聆聽她的人感到其樂無窮。

不管從事任何事或方案，曼琳向來不遺餘力。對於她所研究的任何主題，她肯定會從所有可能的角度，一絲不苟地去探究及審查。當投入研究著名的歷史人物的自傳時，她以密切不帶論斷的方式來涉入研究對象的行為和動機，所以她可以準確而且不偏不倚地描繪出這個人物。如此的組合，再加上她具有能牢記資訊並且準確地將它們分享出來的能力，這使曼琳成為一位極具特色的老師。

克里斯多福．孟 & 張曼琳合影

關於曼琳開放的心胸，在她的日常生活中，對與她交會的每個人來說，曼琳總是在向大家示範著「正直、寬厚、理解和接納」這四項特質。她擁有聚焦於一個人最偉大特質的驚人能力；她引導人往前，使每一個單獨的個體能夠去認出自己獨特的偉大面。她寧願欣賞而不去批評；她從人的最大潛力來看待人類，並且盡她所能幫助其他人也能夠去看到那股無限的潛力。

另一個曼琳寬厚精神的實例，顯現在她對朋友及學生完全熱心的支持上。在完成我的生命教練課程後，為了能一起練習以及幫助其他同學精進他們的技能，曼琳孜孜不倦地與大多數的同學保持聯繫並且出席學習小組和安排一對一協談。

我所認識的曼琳，在持續地探索人類存在的最重要問題時，對學習也從來沒有顯現過倦態。她展現出活潑的生命力以及對學習的渴望，就好像是一個剛進大學、懷著敏銳機靈和無盡的欣賞力、想去吸收所有有用資訊的十八歲女學生一般。

這十幾年來，能認識這位永遠年輕、充滿活力的女士讓我深感榮幸和喜悅。

推薦序

做對事，讓我們的生活更有價值

吳正興（共好顧問集團董事長）

二十一世紀什麼最貴？相信大家都知道，答案是「人才」，但如何知道自己是人才、發現人才、培養人才、創造人才，卻是一個值得大家去探討與重視的課題。

接觸到 PDP 天賦特質系統，是一件令人驚訝而印象深刻的生命歷程，「它」幾乎可以說是改變了我人生方向的一個重要里程碑。回憶民國八十一年底，在初識張曼琳老師而後的一個星期，當時全公司所有同仁利用大約十多分鐘時間，接受了這項全球權威的 PDP 天賦特質測試，在測試報告隨即出爐的解析中，所有同仁又驚又喜地認為這麼簡單的六十題形容詞，居然可以那麼清楚地描述一個人的天生本質？為何它能說明我的工作角色扮演？ 又為何能呈現出

「別人眼中的我」？竟然能透過這三個圖表完整地描述出來！

除此之外又提供了我的決策思考模式，工作模式的優弱勢與能量，並將我在工作角色中調整的工作士氣、工作負荷及壓力調適等相關資訊一一洞悉。在接受了這些訓練後，張曼琳老師及 PDP 便成為我事業發展的重要夥伴，至今已有二十四年。

中國人常言：「一命二運三風水，四積德五讀書。」道出人的一生寫照是可以創造出來的，最重要的是如何找出自己獨特的天賦優勢，通常這點反而是一般人經常忽略，也是最困難的。

如果能客觀地對自己的優缺點加以分析運用，懂得揚長避短與別人互補，並在人生舞台上不斷的調整與學習，朝著人生目標邁進，必能有個美好的人生！

綜觀中外知名的領袖，每個人的個性炯異，出生背景也毫不相同，卻能成就一番事業，都明白的告訴我們「領袖是可以創造的」！

個人從事教育訓練與管理顧問產業已近三十年，PDP 除了讓我找到自己的天賦並開闢我的人生外，並將自己所悟所學結合人力資源管理的專業與實務，協助了企業與人才，首先找出他們的重要天賦特質，觸動生命的能量並確立自己的定位後，再學習如何對組織發展有效地佈局與經營，避免領導者因個人性格作風所產生用人不當或溝通不良的盲點，教導他們如何掌握「適才適所」並學習有效地溝通技巧與激勵，運籌於帷幄之中，以協助組織的每個人發揮個人所長，並能有效地運用組織內的人力資源共創整體的經營績效。

張曼琳老師，是我的貴人，在我事業上給予支持與協助，在此表達我內心真摯的感恩之意。老師亦應用她在產學界具有的豐富資歷與經驗，協助非常多知名跨國企業，提供全方位企業經營管理與諮詢輔導，更將自己所學所聞結合世界中外名人的自傳，深入淺出，彙整成冊出書無數，所列舉的事例更是不勝枚舉，其內容更是著名報章雜誌媒體爭相報導的題材。

猶記國父孫中山先生的四句話「人盡其才」、「物盡其用」、「地盡其利」、「貨暢其流」。現今有許多企業經營者大嘆人才難尋，員工敬業態度不如往昔，經營不易，事實上，歸納績優的企業經營案例中，即發現擁有一套完整的人力發展政策與運用有效的工具是非常重要的。

「唯有不斷奮發向上的員工，才能有不斷成長的企業」，這是我對共好同仁常說的勉勵詞。張曼琳老師對 PDP 專業的全心投入，一直讓我非常感佩，願藉其再次出書能給讀者們認清與掌握自己的天賦特質，再次觸動生命的能量，展現美好的人時生。僅此祝賀之心，希望本書在付梓之後能帶給人們更多的啟示與運用。

自序

喚醒自我真相的內在領導力

我從大學時代便開始喜歡廣泛閱讀傳記文學，發現這些知名人物大都瞭解自己的天賦特質，並且在遇到各種挑戰的過程中，把天賦特質的潛在力量充分發揮出來，這個發現註定了我多年後與 PDP（領導特質分析系統）相遇的特殊緣份。

父母間的認同關係影響我的生涯發展

我的父親是軍人，從小對我要求特別嚴格，無形中，加重我對學業成績和後來事業成就的得失心。而身為軍眷的母

曼琳（Marie）、爸爸及婦女會總幹事王亞權。

親，每天都生活在可能失去丈夫的恐懼與擔心自己沒有在外面賺錢的能力，因此，在我日後的成長歷程，軟弱對我來說代表失敗者，我不允許自己失敗，我轉而認同父親。

一九七四年留學美國期間，我就創辦了一家外銷汽車零件公司，成為女企業家，讓父親對我感到驕傲。因為必須面對商場上的挑戰，我積極開發自己內在的男性陽剛面，久而久之，我的女性陰柔面自然被壓抑住，陰陽內在未達到和諧，顯現於表象的就是生病。

我生病的主因是因為在事業經營上遲遲無法突破，又在經營理念上與父親有相當大的差異。所以，我陷入事業發展瓶頸的壓力和與父親的理念衝突，得憂鬱症修養了兩年。

在生病期間，我開始學習對自己有耐心，要能允許和接受自己的脆弱。允許和接受之後，自然能夠包容，包容之後，自然能夠陪伴，陪伴即是愛。那時候我不斷透過健身、閱讀和心理諮商來療癒自己，我希望能調整自己男性陽剛面與女性陰柔面的內在個性失衡。

從汽車零件製造業轉型教育傳播事業

一九七五年，我在聯合國代表台灣的僑光社擔任財經記者一職，我覺察到服裝穿著、氣質和氣度對一個人的社交成功與否，占有極大的決定因素。於是，我利用週末時間，進入美國一所專門訓練女性儀態、氣質養成的「整體美貴族學院」進修。在那裡，我接受了外在美與內在美的全方位訓練，一年的課程結束後，我決定將這項課程引進台灣。

一九七六年開始籌備，於一九七七年正式在台創校，並高薪延攬我在美國的二位老師來台，可惜，當時台灣整個社會風氣與經濟尚未達到那個水準，而紐約來的老師也不適應當時台灣的生活，一九七八年底，結束這項事業。

後來除外銷汽車零件貿易外，我先後開了兩家工廠，產品外銷世界五大洲，並同時也讓我賺足荷包環遊世界，且在一九八〇年結識了任職南非總商會會長的我先生 Mr. Mac van der Merwe 范麥爾。接著，在一九九一年與我先生結婚，開始從事教育傳播事業，我先鎖定一家主動發現自我和開發領導力的 PDP 品牌台灣地區獨家總代理。

張曼琳（Marie）與先生范麥爾（Mac）在約翰尼斯堡——背景為 Mac 在南非商會會長期通過建立的南非商會會員的辦公大樓。

由於，我在一九九〇年底做了第一次 PDP 測量時，發現我的耗能量測驗值（漏電部分）竟達四格之多。一般人做全職工作所需耗費的能量是二格，我竟達二倍之多。細究後，我發現是因為我正在承受三種壓力，第一個壓力來自於我不得不結束汽車零件外銷的事業，在這個過程中我必須面對爸爸和弟弟的質疑。第二個壓力來自於我對自己由外銷全世界轉為進口美國教育系統內銷台灣，且又轉行到教育事業陌生領域。第三個壓力為私領域，對於自己是否能扮演好婚姻中「老婆」這個角色，內心很沒有把握。

所以，我非常訝異 PDP 系統既可以看出我的心力與情緒上耗能量，又可以看出我所重視的家人角色部分。因為我深感震撼，決定更深入學習這套學問，並即在一九九一年代理美國 PDP 成功領導特質研究。

開發 PDP 領導管理整合工具

PDP 系統正是一門測量每個人天賦特質的行為科學領導管理整合工具，支配性、表達性、耐心性和精確性這四個性格特質是主要的測量標準。支配性較強的人代表你有老虎型的天賦領導特質；表達性較強的人代表你有孔雀型的天賦領導特質；耐心性較強的人代表你有無尾熊型的天賦領導特質；精確性較強的人代表你有貓頭鷹型的天賦領導特質；而上述「四種特質」均在 1/2 中線指標內——即代表為整合特質的變色龍型。

PDP 系統關切每個人的三種自我：自然本我、工作角色的我和別人眼中的我，並且會個別評估這三種自我各自傾向何種天賦領導特質。特別是在工作角色的我這塊測量圖表中，有一欄是能量耗損，可以反映一個人在工作中所耗損能量的大小值與滿意度能量。

這個能量耗損值對於創業的老闆和公司的高階主管特別重要，因為這些人工作過度忙碌，而沒時間處理自己身體，如健康及工作的情緒上壓力與所愛家人的親密關係。一旦出現夫妻問題和親子問題，這些人的工作能量耗損值就會過高，並且承受很高的身心壓力。如果這些人的身心健康最後崩潰，不僅影響整個公司員工的工作安定，也會影響整個家庭與社會的經濟生計。

所以，我很重視 PDP 系統的預防功能，只要老闆和高階主管有定期做 PDP 測量，一旦我們發現能量耗損值過大，滿意度過低，專業訓練人員就能以諮詢輔導來減輕這些人的身心壓力。

目前我身為 PDP 大中華區總代表十九年有餘，深深覺得自己的天賦才華就是用 PDP 系統工具來幫助人們開發個人的領導天賦特質，並用 PDP 來檢量主管公私領域能量耗損值與工作滿意度的高低值，來預防這些經營者和管理者出現身心崩潰的危機。這是因為當我五十歲時，即先後十年已把 PDP 領導特質與古今中外成功人物的成功特質比對完成，並已出版了行行出狀元的 PDP 特質十四本書之後，由於代理的另一個品牌的變革方向與自己天賦禮物落差太大，突然間覺得整個人創意枯竭，陷入江郎才盡的狀態。我做了

PDP 測量，發現自己能量耗損值太高，工作過勞身心疲憊引起健康問題——高血壓。

恰巧此時期我遇到克里斯多福老師，做了生命教練的諮詢，才發現自己跟大部分的經營管理者一樣過於偏重願景的創造與事業的開創——導致工作領域的過勞，而忽略了私領域的平衡面和發掘自己的身體健康承受力及內心真我的本質和力量。一旦我們這些經營管理者，將生命時間大部分用在事業上的角色成就而壓抑自己，沒有時間與自己及所愛的人一起，反而會被原生家庭和親密關係的問題困住，就會出現能量耗損值太高的健康問題。

直到我們願意面對自己與原生家庭和親密關係有關的負面情緒，並且面對內在情緒的清理和淨化，才能重新喚醒自己的真我，拾回自己的力量，當一個有內在領導力的人。所以，我才會產生先運用 PDP 系統來檢測主管的能量耗損值，成立領袖協會又加入了第二個十年增加探索家人角色的 PDP 耗能量體驗與瞭解，再用克里斯多福的「生命教練」技能來輔導喚醒人生與真理真愛的源頭連結。

我希望本書能讓各位讀者從五型領導者的名人與生命教練的案例中，獲得很多也突破自己的侷限，進而走出自己困境的啟發，喚醒與發現屬於自己真相的橋梁。

目 錄

人物篇

運用篇

領導特質診斷

猜猜看你是哪種個性特質

美國領導力管理整合系統 PDP（Professional Dynametric Programs），是一門測量每個人天賦特質的行為科學領導管理整合工具，它將人格特質的四個面向—支配性、表達性、耐心性、精確性四個性格特質，做主要的測量標準，將人格特質、天賦才能分成五大類型，分別是：

高支配性的老虎型｜

具有競爭的、切中核心、掌控與權威的。

高表達性的孔雀型｜

具有說服力強的、組織的建構者、善於交際的。

高耐心性的無尾熊型｜

具有堅持的、周全的、可依賴的。

高精確性的貓頭鷹型｜

具有程序的、有系統的、精密準確的。

高整合性的變色龍型｜

具有變通、不定的、擅長因應變局。

四種人格特性，各有各的天賦才能與行為傾向，如果透過 PDP 測驗，只要在五分鐘內，你可以更精準了解。

人的四種特性的模式

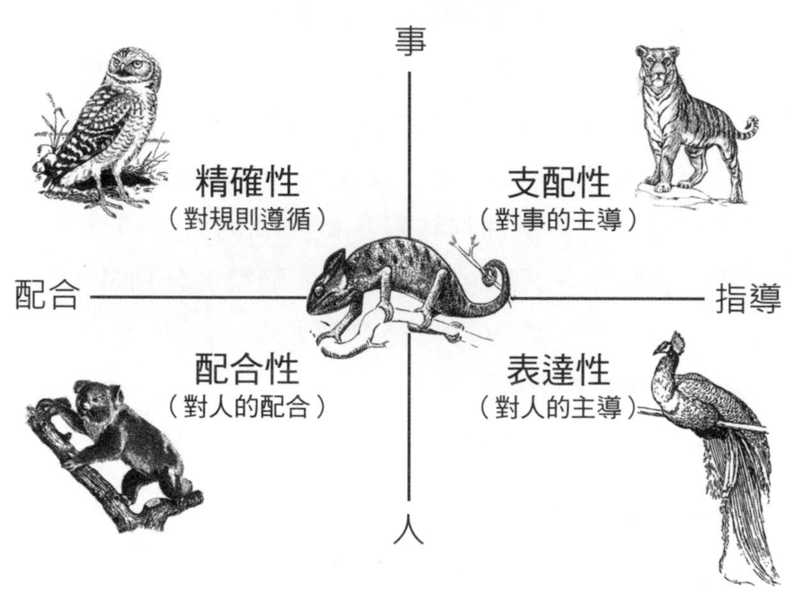

一吼天下驚，百獸之王 ——老虎型特質

此特質占人口比例 15%，且為先驅導航型的人，支配性高、對周遭環境採取主動態度、控制慾強、創新、冒險、決策力高、發號施令。

老虎號稱為「百獸之王」，不但性格威猛具王者架式，其敢於挑戰，不畏未知的特質，所具的無與倫比力量更是其王者之風的展現，故老虎型人物多可說是天生的領袖人物，由歷史或國際知名領袖人物的個性特質分析中可發現，老虎型占了絕大多數，其要求最大最好的領導慾、改革創新的個性威力由此可見。

中外歷史上知名的老虎型領導者非常之多，美國開國元勛「華盛頓」便為老虎型人物，不願屈服英國不平等的壓榨，甚至面對當時擁有世界上最強大的英國軍隊，他卻絲毫不害怕，過人的勇氣，率領美洲同盟軍抗戰八年終獲勝利，也展現其發號施令的老虎長才。在美國建國後著重聯邦、州政府體制的建立及不戀棧權位的表現，不但令人津津樂道，也充分顯示其領袖遠見。

另外同是老虎型特質的鄧小平，其「貓論」建立中國

「四十幾年來」以上經濟發展基礎，開創歷史也使中國在世界展現今成就非凡。

其他知名的老虎型人物還有英國著名的「鐵娘子」柴契爾夫人亦是一位不讓鬚眉的母老虎，她剛毅的個性和精力充沛的特質使她長居英國首相寶座，也因其改革創新的思想作風深獲英國人民及世界各國推崇。

老虎型族群的比較分析

古今中外的知名女性中，老虎型族群所占的比例最高。她們最大的特性是企圖心強烈，剛強自信，往往把一雙原本只是「推動搖籃的手」，用來改寫生命，創造歷史。

居禮夫人、柴契爾、宋美齡、兒童教育先驅蒙特梭利、聖女貞德、希拉蕊、賈桂琳、海倫凱勒、武則天、俄國女皇帝凱莎琳等都具有老虎特質，她們在科學、政治、教育等不同領域都有不同的建樹。

老虎型女性對自己的期許很高，成就自我的慾望最強，因此在婚姻中最根本需要的是配偶給予發展的舞台。柯林頓、雷根、歐巴馬都屬孔雀族群，其面對老虎型的另一半，常以夥伴關係相對待，並且樂於給予發揮的空間，因此夫妻較能相依相惜。

如果同屬老虎型的夫妻，丈夫不但要給予太太空間與舞台，實力還要強過太太，婚姻的維繫才不容易出問題，像柴契爾的先生、蔣中正、甘迺迪等都是很好的例子。

其實太太是老虎型的，做丈夫的不管是那一族群，實力一定要很強，才能使虎族配偶信服，否則當老虎型的女性面對能力較低的丈夫，再怎麼講究溝通技巧都是徒然的。

仔細去研究歷史人物，不難發現，很多偉人的母親都是老虎型的，如中國孟母，美國林肯、華盛頓、甘迺迪、羅斯福的母親們，她們對孩子的期望很高，自然的就會提高對孩子的成就標準，如「虎父要求要有虎子，虎母亦同」，就如當代的虎媽們或許就是這麼一回事。

老虎型女性一向都是剛強、先驅前衛、果斷的，很敢有所作為，因此不管在科學、教育、政治各種領域中，常常走在時代的前端，因而出人頭地。在未來競爭日益的社會中，這類的女性，勢必還會有更大的揮灑空間。

愛現愛秀、人群明星
——孔雀型特質

占人口比例 15%，也是另一種先驅型的人，高表達性、外向，善於交際，表達無礙、交友廣闊，注重人際關係、性格和善愉快、同理心強、與高感性外表絢麗的孔雀一向為眾人讚賞的焦點，身為孔雀型人物的領導者也多以出色言談風度、熱情洋溢態度，在世人心中留下深刻的印象；而同理心甚高、也較突出的孔雀型人物，十分適合從事人際導向的工作，尤其在一個推動新思維、需要大家認同的時刻與環境中，表達性高的孔雀族群非常容易脫穎而出，成為登高一呼的領袖，孫中山先生、美國總統—雷根、柯林頓與歐巴馬總統即是代表性人物。

不過孔雀型人物注重人際關係的特質有時也會太過頭而導致太樂觀、太輕信別人，因此造成在人事上與老虎型的快速果斷與會展露權威比較，決策上稍顯優柔或不夠俐落。雷根雖在任內也有些開創性作為，卻在任內最後一年因伊朗軍售案的人事風波，最終只有草草下台。

美國總統「柯林頓」是一位以帥氣外表、能言善道贏得世人目光的新生代孔雀型領袖。雖然他曾因未參加過戰爭、不斷的緋聞與白水受賄案等而為世人爭議不休，但他仍以優秀的經濟領導，且其任內還完美國政府欠債，及過人舞台風采活躍於世界政治舞台，這又是孔雀型人物的另一種展現。

眼光拉回到東方，「孫中山先生」也是一位以流利演講、開創作為、迷人風采著稱的孔雀型人物，幼年出國留學的歷練及廣結的人脈，使他在日後開創革命大業時得到不少海內外的援助，而他出色的詞藻、筆鋒使他在推廣革命新思想時也占了不少表達之便；不過因他出國甚久，在「識人」這方面也並不完全明智，因此一直遭逢軍閥內鬥的困擾，從袁世凱的稱帝到陳炯明的叛變都見其過度樂觀、理想性太重的個性，並且身邊又缺乏強而有力的幕僚為其效力，故觀其一，雖革命成功開創民國，但理想性格太重也造成他較缺乏落實理想，不過整體而言，他還是不失為一位成功的開創型激勵者與精神典範。

孔雀型族群的比較分析

古今中外的知名女性中，屬孔雀型的並不多，可是形象都很鮮明，總是可以帶給大家不一樣的風貌、印象。世界第一夫人—羅斯福夫人、英國的戴安娜王妃與巨星奧黛莉赫本，她們或許都曾經在人生過程中遇到挫敗，可是當她們有能力來面對及解決挫敗時，卻往往能夠反過來鼓舞激勵別人，重新散發光芒，利用自己最自然的熱情來感染並幫助他人。

以羅斯福夫人為例，她曾經面對過女性最怕的「丈夫外遇」事件，也遭逢丈夫的小兒痲痺事件的危機，自己的潛能因此反被一一激發出來。她早期雖然是藉由第一夫人之便在發揮自己的理想，在丈夫死後，反倒是憑藉自己的實力在歷史留名，是相當難能可貴的。

戴安娜王妃的婚姻故事現在還是世人關注的焦點，她固然有孔雀的迷人風采，也有對人同理心、關懷的孔雀特質，尤其她在心理治療過後，憑藉「本質」自信的站在世人面前，更進一步去關懷、幫助疾苦人們，也是令人感動的女性。

其實由羅斯福夫人和戴安娜王妃的例子，我們不難發現，女人的命運、個性、格局、人生視野、志向，是掌握在自己手裡的。女性有能力做自己命運的掌舵者，從這幾位孔雀族女性的實例中，我們應該會有深層的啟發。

平和近人、耐心堅定
——無尾熊型特質

占人口比例 20%，其中大多為「重視扎根與守成」的特質，高耐心、注重和諧、友善平靜、不自私、平易親切、誠懇、可信賴、和諧，是很好的聽眾。

無尾熊，是一種溫和遲緩、友善和平的動物，和支配性高的老虎型相比照之下，似乎較不易成為統領的領袖，但研究中外歷史，身為無尾熊型的領袖卻也不乏其人，而此種特質的領袖正是以其耐心、毅力展現另一種不同的領袖風格，適合帶領中長期的規劃及守成的時期。

無尾熊型領袖人物中，最為著名的便是鼓吹不流血革命的印度聖雄「甘地」；相較於多數國家的流血抗爭，甘地悲天憫人兼具愛好和平的個性，使他一方面有感於印度所受不平等待遇而起義，但另一方面卻力推和平作風，以此為通往獨立自由的途徑，而其耐心的特質，也終能在長年平靜抗爭後開花結果。

耐心性的特質，如甘地非常地平易近人，個人的生活也都以簡單樸素為最高指導原則，並不特別重視物質享受，從甘地赤膊坐於紡織機之前的經典型象就能看出。與其高高在上深居大內官邸，他們寧可走入人群親近百姓，探討民隱，就可瞭解無尾熊型的友善與平易近人的特質。

此外，無尾熊型人物雖然較不亮眼，但其堅持到底的毅力卻不容小看，也往往是其成功主因。不放棄，直至最後一刻才會成功是他們的信條，由甘地長年絕食來爭取英國政府的讓步，皆以毅力為對抗外在阻力的主要利器，這種以柔克剛的力量，卻能削金斷石。此外，因為他們的耐心，也較少會衝動行事或只看眼前，較會有中、長期的規劃。

無尾熊型族群的比較分析

古人有所謂的娶妻娶德，現代的男人也還是會有娶個賢內助的企求。這種具有母德的賢內助，對無尾熊型女性來說，扮演起來是最輕而易舉的。

古今中外的知名女性中，宋慶齡、唐太宗的長孫皇后就是典型的無尾熊型女性。她們對生活要求儉約、樸實、簡單，喜歡反璞歸真，其中 90%個性傳統而保守，是最佳的內務管理者。

「以夫為貴」是 90%無尾熊女性的信條，因此常常是以扶助老公事業為第一優先。她們擅長以柔克剛，常以溫婉的手法來處理周遭的人際關係；令人有親切、賓至如歸的感覺，是丈夫在生活、事業上的好幫手。

在無尾熊族群中，90%的大多數是傳統而保守的，另外只有 10%具開創特性，就適宜開創演出自己的事業，如印度聖雄甘地、南非第一位黑人總統曼德拉與英國的現代護理創始人——南丁格爾。

看似溫和的無尾熊，沒有老虎的強烈主控力，也欠缺孔雀的耀人風采，更沒有貓頭鷹的精準；以及變色龍的圓融，可是仍可以用中長期的耐力和毅力來實踐和平的理念，所散發出來的光芒，是不下於其他族群的。

要求精確、傳統本分——貓頭鷹型特質

貓頭鷹型特質占人口比例 20%，重視扎根守成的特質，高遵奉性、講求精確、要求品質、技術導向、按部就班、傳統、完美主義、拘謹含蓄。

最為人所知的便是「包青天」包公與西方的教宗保羅。通常貓頭鷹特性的人物都較為保守，不喜歡變動，多為成功人物身旁的左右手或技術官僚等，雖然較欠缺開創性，但從另一角度來看便是規矩、有原則，講求程式正義的個性，而包青天能不畏強權、為民申冤，這也是他之所以流芳百世的原因。

而貓頭鷹型的人物同時也以處事嚴謹著稱。同時貓頭鷹型人物因講求精確、有幾分證據說幾分話，因此較不善於表達，傾向安靜思考、追求內在自我實現，這點由包青天少見大張旗鼓辦案，而是以微服暗訪的方式取代，也可見其心思細密及執行力。

貓頭鷹個性的人因具精益求精的特質，也多屬理性的智慧追求者，故傳統士大夫、現代法官、律師、會計師、精算師、建築師、醫師等需要高專業、高知識、高精確度的職務，或專業事務所等主管多見此種特質的人，開創度相對較為不高。

貓頭鷹型族群的比較分析

提到貓頭鷹型族群，總會使人直接聯想到嚴謹、認真、毫無瑕疵的印象，的確貓頭鷹型女性在生活、工作上的要求就是這樣的完美標準。

葛麗絲·凱莉是貓頭鷹型女性，她給人的印象一直是外表冷若冰霜，內在熱情如火，對自己的要求向來就是嚴謹的，因此表演總力求完美。在她嫁入摩納哥王室之後，最先是難以適應，但是她卻強迫自己去修正自己，再走出自己新的一片天空。不管是扮演什麼角色，她都力求把每個角色演好。

日本民族是很典型的貓頭鷹型民族，尤其是明治天皇皇后的花道、茶道等更是徹底的發揮貓頭鷹特質，而日本人的太太也大多在扮演貓頭鷹的角色，在家事處理上的一絲不苟就是最好的明證。

貓頭鷹族群百分之百幾乎都是傳統的守護者，她們的外表常常是嚴肅的，這完全是個性使然，可是她們的內在卻也可能是熱情的，只是她們總是很小心謹慎的掩藏住自己的熱情，不輕易坦露自己。

由於對什麼事都力求完美，因此貓頭鷹女性也常常流於吹毛求疵。在未來社會對專業菁英需求日益增高的情況下，具貓頭鷹特質的女性如果把力求精準的精神充分發揮在工做事業上，相信也會有很大的發展空間。

天生多變、適應力強
——變色龍型特質

占人口比例 30% 的中間特質，極具適應力、協調性及配合度高、性情中庸、沒有原則便是其最高原則、迴避衝突、計畫周詳、是天生的外交家。

變色龍一如其名，其迅速反應外在變化的特質最為人稱道，而具變色龍型特質的領導者也具備了極具適應力、生存力、韌性高的特質，在團體中頗具整合能力，同時又具無我精神，通常以迴避正面衝突為其最高準則，可說是天生的外交家，中國歷史上著名的諸葛亮、劉伯溫、張良與美國總統老布希、卡特總統皆屬此等人。

而同為老虎型的變色龍助手，毛澤東的副手周恩來、尼克森的親信季辛吉相較之下便屬高開創性的變色龍，而這種類型的變色龍通常較需開創性也高的領導者才能將其推動，而他們也都很幸運的碰到了開創性高的領導者，圓融的個性也剛好能使權力心重的領導能夠信任他們，可說是絕妙搭配，更可見變色龍型雖處「伴君如伴虎」之境，卻有立於「不敗之地」的自信。

「周恩來」的變色龍性格剛好與「毛澤東」的威權老虎

形成絕妙互補，而周恩來也對自己溫和的主張，在中共槍桿子出政權的大勢下出頭機會小的局面十分清楚，故甘於扮演老二角色，但同時他也可以在外交舞台上發揮他的長才，利用有限資源，將大陸推往世界強國之林，和他交涉過的人莫不對他有高度評價。

同樣在外交上有傑出表現的季辛吉也有一番傑出表現，所以能一方面得到多疑的尼克森之信任，充分展現季辛吉見微知著、洞悉人性的本事，另一方面季辛吉也因此能在國際外交舞台上盡情展現，擔當起代表尼克森玩國際牌的大任。季辛吉擅長溝通協調，開創並非其所好，而這方面便有尼克森帶動導航；尼克森不善也不愛交際，而這方面的缺失剛好由季辛吉補足，兩人可說是絕妙搭檔。在台灣李登輝時期，派到香港與大陸談判的密使鄭淑敏女士，與當時唯一鬥贏李登輝的救國團主任李鐘桂女士均為整合型人物。

變色龍型族群的比較分析

對變色龍來說，與配偶的相處，溝通不是問題，調適也不是問題，問題就在於能否在人生理念、婚姻理念上面取得一致性；如果欠缺這種理念和價值觀的認同，幸福就談不上了。因此變色龍族群的婚姻幸福與否大多取決於理念認同上面，不像其他族群，除了理念和價值觀的差異問題外，85%的問題是出在溝通上面的個性不同而不能相容。

其實變色龍型族群不止是在婚姻生活上重視理念的契合，在事業上又何嘗不是如此。像諸葛亮為什麼不為曹操效命，而對劉備鞠躬盡瘁，周恩來也一直願意在共產黨中屈居第二。基本上都不是能力問題，而是人生際遇及理念上的問題。

變色龍整合能力強，一生追求的是「中道」，行事風格最能達到「無我」的境界，基本上對別人的要求並不過分，因此比起其他族群，能夠與人相處的圓融比例也就相對提高。只要能夠取得理念上的認同感，變色龍型族群在工作、婚姻等各方面就能散發出極致的光芒；有了認同感作為前提，他們的忠誠度和潛能的發揮，都是不容懷疑的。

基礎篇

如何把對的人放到對的位置上，PDP 又是如何做到的？

（【YouTube】Marie 老師主講日期：2021 年 3 月 5 日）

Q 如何把對的人放到對的位置上，PDP 又是如何做到的？

A 舉個例子，在製造業，製造業研發部門的主管一定是老虎型，如果找一個貓頭鷹型的進來，只因為他是留美的博士，那這間公司絕對會死掉，為什麼？因為貓頭鷹型他的優點在安全管控，但不敢冒險，怎麼創新呢？研發部門「是要不斷創新，還要很快的創新」。凡是要創新的「戰將」，一定是開拓型的老虎型；另外管理捕手能量風格的老虎型，還沒有辦法成為「戰將」，所以一定要找對人；一旦找錯了，若創辦人本來是此產業的全世界第一名，但因為沒有辦法進入 know-how 傳承與發展，且年紀又大了，卻找來貓頭鷹型的留美博士繼承其研發部的高管，整個創新的招牌菜就可以換了，因為其核心優勢已消失了；美國 PDP 的領導管理統計驗證：若只看學、經歷，則失敗率為 50%。

另外事業大的如「台積電或聯發科」，其研發部也不是只有老虎型，研發部如果全部都是老虎也會完蛋，因為老虎型都是抓大方向，但很粗糙，在這個研發部門裡面的事業團隊，也要有老虎型、貓頭鷹型、無尾熊型。

在 pilot run（試運行）的時候，哪些人能檢驗出這些錯的地方？

無尾熊型占人口分類 20%，其中又有 90%帶有貓頭鷹型的特質，加上貓頭鷹型占人口的 20%，所以這兩個類型加在一起，貓頭鷹 20%，無尾熊 20%×90%，總共約占人口的 38%，加上整合型中有貓頭鷹特質，至少占全部 40%的人口，但包括先挑出合格的學經歷占成功率 50%，再去檢驗其個性特質面是否可達到此任務。

若沒有檢驗，當在大量生產的時候，物料就會損失很大了，且會造成很多客訴。

所以我們可以看到，因為三十年前，我自己已有 2 間工廠，有三百多個員工，大量生產的時候，只要一錯，淘汰率就很高。

好險我們的產品都是台灣外銷該產品中做得最好的，但是最好的還是不夠，因為後來台幣升值 40%，基本上我們研發的人沒有開拓的老虎型，產品出來不夠快、不夠完整，台幣升值 40%，再加上我們人才團隊開拓型的不夠，我們已沒有出口優勢了，就只好退出這個產業。

由於我有親身經驗，後來轉入美國 PDP 領導管理特質的心理科學大數據，具體的學到：若找來研發的人不具開拓力，平常沒有那麼嚴重，但碰到「新冠肺炎」這類目前外部的挑戰一來：如果你的團隊中開拓力人才不夠，基本上在此產業的競爭優勢就整個不足了！

因為一般買家希望：產品齊全、完整、創新、價格又有競爭性，客戶才會進口找這種供應製造廠商。

根據目標需求原則，每個部門要各種特質型的人，怎麼樣去找對的人？缺什麼型的人及已經有什麼人才？都要事先盤點釐清，如「組織人才盤點」，所以我們在製造業、服務業，尤其過去近 20 年美國 PDP 系統的領導力特質，實務專門教授 EMBA 班，全世界十大 EMBA 裡面，就有三家使用我們的美國 PDP 領導管理整合系統大數據庫案例，包含中歐國際、瑞士洛桑、香港科大。

現在我們 PDP 系統已經擴充到莫斯科大學的 EMBA 班與 MBA 班，在大陸十大里面，我們 PDP 系統即在 EMBA 班包含六家，占 6 成使用，如：中歐國際、長江商學院、清華大學、交大、復旦大學、浙大；企業的話則有：工商銀行、國家電網、銀聯，世界 500 強及大陸 500 大，在各產業應用；在台灣這 30 年使用過的像是大陸工程（營建業的龍頭）、中國生產力公司（顧問業教育業的龍頭）、其他還有花旗、屈臣氏亞洲七國、UPS……，全亞洲 12 個國家都已使用過我們的美國 PDP 領導管理整合系統。所以我們還幫成立企業大型專案，保證成果：針對各種不同部門的職掌最需要什麼樣的人才，與達成其預先立下的年度績效目標。

這個非常重要，如果擺錯了人才，所有目標跟規劃全部都是紙上談兵、落空與不可能的任務。

如何建立與檢驗企業的核心文化——半導體：台積電與聯發科如何做到的？

（【YouTube】Marie 老師主講日期：2021 年 3 月 5 日）

2021 年 3 月 3 日我才剛好主講到聯發科的董事長蔡明介，現在舉具體例子，因為護國神山以這兩家「半導體」最具有代表性，蔡明介在 2017 年，即三年多前，就延攬邀請了以前在台積電當執行長的蔡力行加入他的組織。各位還記得有一年台積電虧了很多錢，蔡力行裁員很多人，導致了當時台積電的混亂。

搞了很久，後來張忠謀及他的老婆，與所有被裁員的人（在張忠謀的住家下面抗議）互動，老婆是來軟的，最後張忠謀發覺裁員與「台積電核心文化」是不合的。

因此，張忠謀就重回台積電「重掌兵符」，自己再回來做台積電的 CEO，我想這個在台灣大家都曉得。那一次即是檢驗「台積電的企業文化」，台積電非常注重品德，那一次檢驗到台積電的企業文化沒有被落實。

這一次聯發科的蔡明介董事長，在三年多前，就請台積電已經退休的前任執行長蔡力行加入聯發科的旗下。這件事情對聯發科來說，「蔡力行」是空降部隊，而蔡明介又從「台積電」邀請了人資長、法務長，還有很多的高層主管，都是原來台積電的人，加入聯發科，還「重用」這些人，讓聯發科原來的老員工很心寒。

我們由「聯發科的核心文化」角度來檢驗這件事情，是因為蔡明介找了空降部隊來，讓聯發科的老員工心寒？還是聯發科的核心文化建立還沒有扎根？這時也是檢驗其「核心文化」有沒有扎根的重要挑戰，因為此時會創造「混亂與挑戰」。我們不怕挑戰，重點是發生這件事情時，怎樣面對「挑戰」？面對這個「內部的混亂」？我們最怕「內部混亂」，在這時候反而是一個很重要的機會，我們怎麼樣運用這個機會把公司的「核心文化」說清楚講明白？讓這個「挑戰」變成一個「成長的機會」，我們看到這三年多來，在現實面上，聯發科成長了很多倍。

很多倍是物質面的金錢，因為我們現在談到核心文化，蔡明介董事長的信念、信仰，已經是其價值觀；「價值觀」是公司非常重要的「軟實力」，聯發科「經營的理念」是建立在要用「國際的視野、世界觀」。

第一個檢驗：從全球而言，是不是有「國際視野」？

第二個檢驗：是不是能夠「運籌到全球的資源」？

「全球資源」是指組織動員、人力、物力還有金錢，人力是指人才，對蔡明介而言，他要的是：一流的工程專業將才，就是要打仗的研發戰將；他要的研發人才是真正能夠打仗的，不是只是在實驗室裡做研發。

所以我們在檢驗這些老臣，他們的實力到底是什麼？如果只是酸葡萄，老臣們不知道自己的問題，也就是每人的天賦和優勢不一樣。表面講的是專業，如果他們自己的優勢不是開拓型的戰將，對蔡明介而言就一定要用「空降部隊」，不管用怎麼樣的空降部隊，就要來檢驗是不是合乎「國際視野」？是不是合乎運用全球資源？追求成為產業的頂尖地位？

我們知道去年已經檢驗出來了，聯發科已經做到 IC 產業全球第二名，市占率 21%，台積電經過上次危機，如今台積電在全世界是第一名；在 2020 年 10 月左右，第一名市占率 60%。所以我們知道表面看起來經過媒體的報導好像很混亂，這是人性的問題，但是經過這個混亂，他們更釐清、更往前成長，因為在這個產業是高資本的大虧大贏，不是虧得很可怕，就是大輸得很可怕，所以你的核心文化原來扎根不夠，根基不夠穩，只要發生一點問題危機，人就通通走光了，這乃是一般人性的醜陋面。但人性有醜陋面也有高尚的一面，因此挑戰檢驗他們的品德夠不夠，尤其台積電有 100 多位高管，任何人要升為高管，都要由這 100 多位高管來審核。審核什麼？審核他們的品格，就是你的品格有這麼多人的眼睛在看，所以這個公司的標準，一般人談領導力是 top down，不可能是 botton up。

7-11 的櫃檯服務人員這個叫做 botton up，就是最底層的人，乃直接面對客人；但是這個公司的文化價值，栽培核心文化的人是 top down，所以不能說只要民主就什麼都可以，企業如此會都混亂，因此核心文化是最難的軟實力。我在訪問前任的經濟部長趙耀東的時候，二十幾年前我寫其創建的中鋼文化乃從無到有，單單建立中鋼文化，趙耀東先生分享：他花了 8 年，而且在他任內，中鋼已經成為世界級的中鋼。然後趙耀東講了一句：未來的中鋼人，請你們要繼續的挑戰我，請你們要比我更好。這就是核心文化跟核心價值——中鋼文化：「愛的教育，鋼鐵的紀律」，我們很高興趙耀東先生跟我們講最精髓的核心文化價值，所以我平常在教團隊的時候，我都會用中鋼趙耀東先生舉例，他建立中鋼核心文化花了多少年？他的工作角色，是用何特質來落實此內部的溝通？建立「核心文化」跟原來的他個性特質有何不同？在運用 PDP 特質時，教練會對溝通面看得非常清楚！

提升溝通力創造團隊績效

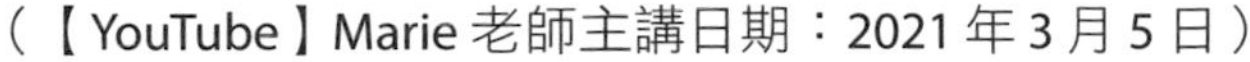
（【YouTube】Marie 老師主講日期：2021 年 3 月 5 日）

我們這個 PDP 系統，第一個優點是「找對人」，第二個是「正確的管理」，第三個是「正確的溝通」。

找對人就是很大的學問，經統計：若只根據學、經歷找人，找錯人失敗率是 50%；正確的管理跟正確的溝通，要連結起來；我舉個具體例子，因為我剛好 3 月 3 日才完成半導體業兩大龍頭之一——蔡明介董事長的領導力特質專題，他在他的書本中分享一個非常具體的例子：宏碁有個關係企業叫「智原」，生產力不足要出售，他那時候剛好在國外出差，禮拜六回來台灣，他就跟公司的高管開會整體評估，因為宏碁的智原產品線跟他的產品有關係，是可以增加競爭力，他在書中舉這個例子，此次採購是他學到的很重要的一門課。

且他後來一直擴及到全世界，更好的、不同的研發部門，最強的，尤其他要的是各行業的一級人才，到各行業的頂尖領導，不是第一名就是第二名，他的啟發、激勵來自 GE 總裁 Jack welch，作為他公司的發展理念目標：我們要做什麼？Who we are？

所以他們就買下智原來，由於製造事業的人都不喜歡溝通，都是技術人才，技術的人又做到領導，一樣的人不會變，大家還是各自默默耕耘，也造成本位主義很強，由於不做橫向溝通，且跟上面垂直的溝通也很少、跟下面溝通更少，覺得溝通很浪費時間；由於整個公司績效，要提升生產力只是口號，結果買下後，他們大概一個小時簽完約，晚上郭台銘的兒子結婚，他們就一起去參加婚禮，事後這個案子結束要付很多錢，才發現怎麼一團亂，就叫聯發科負責的財務下去檢驗。數字會說話，這已經是很嚴重的危機了，他們的危機是，跟團隊高管們原來的理解落差很大，他們才瞭解，智原每一個部門跟部門之間都是從技術面角度判斷，技術的頭自己做決定，假設公司有五個部門，就有五個頭，根本就沒有一個共同的方向，他才發覺溝通問題實在很嚴重；不只他們，這個只是見微知著，根據我的經驗，越是製造業溝通問題越嚴重，因為製造業是做出來的，不是靠講出來的，所以製造業很少孔雀型，他們的優點是「做」；他的缺點是：不想講、不會講，也不願意講，他們都傾向認為做才有價值，且認為「講」都是浪費時間，這就很可怕，因為自己會的東西，你的上面及下面都不曉得，橫向部門也不曉得，這種溝通也不貫徹。

因為蔡明介董事長走過這個過程，他就要求橫向部門與共通的部門，共同相關的人平常每一天生活化都要落實共通瞭解，共通溝通的時間、主題、目的，要非常清楚，這種投資在改善溝通非常重要。如果沒有去投資這一塊，請來的人即使是做到高管也沒有用，請一個高階主管，這個人至少要花一年才適應你的公司文化，至於他有沒有發揮溝通力、有沒有真正產生績效，我們還不知道，這個人假設月薪是一百萬、年薪一千萬。

我們知道高科技業，資本額要非常的大，但我們也發現如果溝通瞭解力不夠，領導力就一定不夠，要不然就是只找聽話或是歸屬感一樣的人，這樣一來完全沒有績效，尤其是華人常會搞小團體，公司久了一定垮掉，只是沒有去檢驗到，所以在平常就要溝通，所有相關的人都要知道每個部門的優缺點，可以補救別的部門的優缺點，像研發部門的人一定是開創力很高，他的瑕疵一定也很多；後勤的人一定很精準，但是開發力不夠，動作不夠快又沒有彈性，但他的好處就是精準，能夠補足研發快速部門看不到而產生的客訴問題，在一間公司如果要成功，五個類型都要有，五個類型的個性都有 70～85%跟別種型不一樣，如果都不一樣，但彼此也不溝通各做各的，這個公司能夠成功可能只是表象，第一、兩年運氣好可能可以，只要一個大挑戰來檢驗，像是新冠肺炎一來，就通通破功了，出現「破口了」。尤其 2020 年有虧損或有賺錢的都需要學，無論你的行業，舉個例子：做快遞的賺錢，因為要封城不能出去，還有餐飲的 foodpanda 和 Uber eats，哪個行業現在流行？就像特斯拉，去年一整年創辦人馬斯克變成全世界第一首富，因為是電動的又便宜。

所以產業內部溝通沒有過關、沒有生活化、沒有變成一個新的習性，他過去的工作習性，每天都會帶進來，沒有去檢驗也沒有修正，挑戰大時這公司就死得快。

如何開發企業核心競爭力？

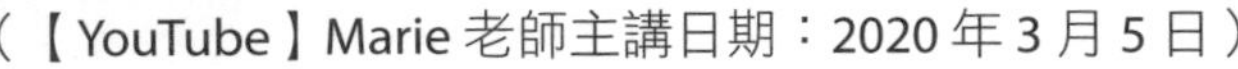

（【YouTube】Marie 老師主講日期：2020 年 3 月 5 日）

Q　Marie 老師，我們可以來分享，如何用 PDP 來開發企業核心競爭力？

A　我發現很多本土企業創辦人，是老虎型，乃是喜歡「聽話」的人，由於自己不喜歡重複教練屬下，雖然也是科技行業，但就喜歡聽話的人，聽話的人就用數字來管理，找個聽話的人做他的副總。

但「聽話的人」也沒有做過業務、研發，所以變成很多關係企業的廠長或業務，都由聽話的人溝通，去評估上述廠長、研發主管及業務主管的績效，這讓我回憶起我二十幾年前幫花旗銀行做 PDP 的時候，他們後來已使用了 PDP 七千多份的報告，在我第一次做的對象，就是所有的高管及 CEO，我在對高管財務長「一對一教練」的時候，他和我分享：PDP 真的非常重要，因為像美國有類似台灣的全美第一大徵信公司「D&B」，在調查每一家企業的核心優勢與競爭力，即會深度調查老闆是什麼人？高管有哪些人？即已可預測這家公司的未來績效趨勢會怎麼樣？他說像 PDP 這個系統，研究分析每個人的人格特質、天賦優勢、工作角色，他過去三個月對自己的工作表現是滿意還是挫敗？

當時，我們是春季末做的，他說這個夏季初馬上就看得出來，非常精準，一般公司的財務到了年底才看，太晚了，他印象非常深刻，PDP 非常精準，呈現每個人的產值跟他的工作價值，是不是自我滿意度很高？是落實的部分很高，還是很慘？耗能量是不是很高？尤其大公司需要更大藍圖，一般大公司都是在前一年底的 10～12 月做未來一年的規劃，很多的規劃都偏紙上談兵，根據過去訊息來推測，我舉個例子，像新冠肺炎過去一年半下來，全世界的每個總統即使有全國的資源，都不知道未來會怎樣。

但其實不管是政府單位也好、企業自己的領導人也好，高階、中階、基層管理，天賦優勢、人格特質一出來，立即可看到過去三個月的工作角色做得怎麼樣？在春季末到夏初（4～6 月）必須要做的，馬上就可知道。我們很多華人開會都不吭聲，所以開會是沒有效率的，對於過去三個月的產值，你是做得很有生產力、績效也很高？還是很勉強的執行，未開發自己管理職的全責性或天賦優勢？

還是你做得很慘也不敢吭聲，不敢建議更有建設性的方式來面對？這種問題是很嚴重的，使得老闆有很大的無力感！

企業的競爭優勢，一個就是你的負責人是什麼類型、你的高管是什麼類型？有什麼特質？優勢在哪裡？如果只看數字試探結果，這樣也很危險，每個人都有更多的優勢可以開發及運用，你給他的任務到底是不可能的任務？或是他根本做不到，只是比較聽話！

到一個廠去，然後投資新的廠，收編原來舊有的廠，而你找一個捕手管理型的人去，又怎麼可能幫助事業創造新的生命力？基本上這就是一個不可能的任務；只有派開拓型的人去，才可能會有戰功，如果要的只是聽話的人，企業的競爭力要提升，就會變成紙上談兵！所以使用 PDP 的領導管理整合系統，馬上就可以一翻兩瞪眼，可以運用到每個人的優點來執行：去年 10～12 月公司訂定的目標，企劃出來的或是如何可以真正應變市場的挑戰？如果發生問題，能不能主動面對？一般員工怕被老闆罵，都不會主動溝通，所以做老闆的也有很多無力感，人資總監也是滿滿無力感，人資總監一般是幕僚，雖然他是幫公司開發每個人的優勢，但是 HOW-TO，怎樣的人有怎樣的優點及缺點，他也不知道，他只是根據知識而非實務，這樣有用嗎？由於很少人資總監具備營運長的實戰體驗，由營運主管再轉入「人資總監」，才能真正幫 CEO 更主動發揮各種人才的優勢。

所以美國哈佛大學說：哈佛 MBA 都沒有辦法學到，要根據企業量身製作！即高管與企業的負責人是整個核心，他們適合往前開拓新局？還是只會待在夕陽產業？如何創新及改革？

這個要先搞清楚，瞭解組織內所有管理人才的優缺點，再來談戰略，不然就只是紙上談兵的戰略。

如何節省成本降低流動率？——PDP 企業運用

（【YouTube】Marie 老師主講日期：2021 年 3 月 5 日）

Q Marie 老師，聽說運用 PDP 可以節省招募成本，這要如何去降低我們的流動率呢？

A 我在將近三十年前就進口美國 PDP 的系統，在美國，他們做的都是各產業的龍頭，如飯店、連鎖酒店，服務業如希爾頓飯店、喜來登……等等，世界級的跨國企業，它的企業人才盤點特質，領導管理整合系統由 CEO 到所有管理者的資訊非常精準。

一般傳統的方式：只依照學、經歷來口試一個人，成功率是 50%，失敗率也是 50%，因為每一個人都是主觀的，不管你是哪一種特質，你就是無法離開這五類型：老虎、孔雀、無尾熊、貓頭鷹、變色龍。如果你是老虎型，你只占人口 15%，有 85%的人跟你不一樣，所以依你的個性特質角度一定會是主觀的，會根據你過去的經驗來找人；如果你是孔雀型也一樣，你只占人口 15%，你也是根據你過去成敗的經驗來找人；如果你是貓頭鷹型，我們看很多傳統的人資行政角色的主管，大部分都是貓頭鷹型，我們知道世界級的企業一般在做開發功能角色時，又成功又有績效的人資總監，一般則是老虎型。

即便是老虎型，仍會對 85%的人不懂，貓頭鷹型占人口的 20%，所以就會有 80%的人跟貓頭鷹型的人不一樣；無尾熊型占人口的 20%，所以有 80%的人跟他也不一樣；如果你是變色龍型，占人口的 30%，人數最多，但也會有 70%的人跟你不一樣。

所以若只根據你主觀的判斷，經過統計，你的失敗率是 50%，但如果我們很精確地用 PDP 人格特質科學領導管理整合系統來做的話，另外 50%的失敗率就會減少。

因為 PDP 的精準率 96%，有 96%的精確度，所以先根據學經歷——我們在講的是人資總監本身專業也要夠強，他要判斷學經歷是假的還是真的，假設資料都正確，成功機會也是 50%。然後再加上 PDP 的工具，PDP 的成功率是 96%。96%*50%，所以如果找對的人，當然就會降低流動率，因為不同的部門需要找不同的個性特質來擔任，有的人是表面資歷顯示能力很強，很會說很會講，真正讓他做，可能前幾個月還 OK，後面幾個月檢驗績效時就不行了，至於降低流動率，若只看他的個性特質也不行，學經歷占 50%，還是必須考慮的。針對做後勤的，做高品質的服務、精確的服務，高專業掌後勤的本身精確度要很高，若你用老虎型或孔雀型去做後勤，不適性又很容易死掉，徒勞無功！

他即使表現很棒也很會講，做一個月以後全部的個性都顯現出來了，因為老虎型及孔雀型，在需要工作特質時有貓頭鷹型的優點，但精確度都不夠，由於優點乃是走開發特性的，所以什麼樣的位置要擺什麼樣的人，不是憑知識，怎麼講都沒有用，我們的系統工具，至少幫助客戶找對人做對事，所以客戶也幫我們見證：降低流動率。像我們幫「TGI Friday」降低管理職流動率 75%；非管理職店面服務人員 50%；幫「屈臣氏」降低流動率 30%，都達成了任務。

任何大的專案，只要 CEO 書面承諾完全投入，保證他也投入，我們即可以保證成效，基本上就是怎麼樣的使用這個系統工具，來達成公司預定的目標。

如何開發企業核心優勢？

（【YouTube】Marie 老師主講日期：2021 年 3 月 5 日）

Q　Marie 老師，如何開發企業核心優勢呢？

A　如何開發企業的核心優勢，這是很重要的一個題目，因為人都不一樣，個性也不一樣，我們發覺 PDP 有一個好處，我們在各行業已經三十年了，PDP 在整個大中華地區也使用近 100 萬份案例，我們在整個台灣也超過 20 幾萬份案例，所以我們有實際的案例；同樣都是跨國企業，在各個產業的第一名，本土兩個產業龍頭，一個是大陸工程，他們已使用了兩萬份，另外一個是中國生產力，他們也使用了兩萬份，專門在輔導所有中小型企業怎麼變成大企業，另外像屈臣氏在七個國家，就用了我們三萬份，另外還有中歐工商，是全世界 EMBA 班第一名，他們在使用 PDP 領導風格與組織發展課程已近 20 年，使用近三萬份案例。因為我們本身精準度有 96%，在 1993 年，我的領導風格專欄，就已用這五型的動物及人物報導至今，基本上第一種動物老虎型：個性比較前瞻性、比較主動，推動力比較強、目標導向、聚焦，這是比較偏開創的個性特質；孔雀型比較有同理心、團隊建立者、啦啦隊隊長，比較喜歡用透明溝通，擅長勾勒組織願景，孔雀口語表達剛好是最強的一塊，老虎型和孔雀型特質的人，各占人口 15%；中間變色龍是屬於整合型，還有無尾熊型占人口的 20%，他會提供和諧、合作還有規劃力及中長程，比較不會給人家感覺急躁，公司流動率如果很高，無尾熊類型的價值就更重要，他們可以讓來公司上班的人有安定感，覺得公司氛圍比較和諧，基本上這種型又有 95%比較重規律性，因此公司的專業建立及專業扎根，他們的貢獻比較多；貓頭鷹也是 20%，他是走專業導向，工程師、律師、老師、精算師，他們要的是精確，因此貢獻的是專業，我們知道一棟房子若沒有建築師團隊來檢驗合格是不安全的，所以貓頭鷹型提供的是安全，因為非常精準，很注重遊戲和組織的規則，也就能提供組織安全的價值。

外科醫師比較多的是老虎型，冒險，每次都是針對疑難怪症；內科、小兒科這種常態精準的照顧，就是貓頭鷹的優勢占 20%，為什麼我們用這樣的個性來描繪？外面常常有廣告，免費的做出分類一點用都沒有，因為那些是沒有數據庫做基準的遊戲用的。PDP 在全世界有兩千萬數據庫，非常精準，精確性占 96%，像是互聯網這種快速做決策的企業，像台灣的聯發科或台積電這種半導體產業，是非常快速的，研發部門找的老虎類型要很多；研發裡面開拓力很強的，剛剛我們談的蔡明介要找到優秀的人才，一流的戰將，就是開拓性的老虎型占一半，另外一半是捕手管理型；孔雀也是有一半開拓力，像國父 孫中山先生就是開拓力強的孔雀，王建煊先生有做我們的圖表，他就是孔雀型的開拓力強，孔雀型有一半是捕手的管理型，總共只有 15%的人具有開拓力。互聯網核心優勢，就是開拓力強與速度快，如果沒有這些特質來開拓，公司怎麼死的都不曉得，由於互聯網產業資本密集，要很大的資金才能玩此行業，上上下下起伏非常快，如果你的公司沒有第一流的戰將人才，在這個行業要成為世界的該產業第一名或第二名就是夢想，有的公司規模不是很大，像餐廳，我們做過一家餐廳，每個人都是貓頭鷹類型，他們就把店做得小小的，且都是提供台灣古早的傳統產品菜，如果全部都是貓頭鷹型，想要去玩互聯網，在互聯網又要做到領先的地位，那是不可能的，所以一開始就要定位是做什麼產業，一定要找對人，沒找對人，談什麼核心優勢都只是紙上談兵、緣木求魚。

PDP 可以幫企業創造什麼樣的效益呢？

（【YouTube】Marie 老師主講日期：2021 年 3 月 5 日）

Q Marie 老師，聽說 PDP 可以為公司創造很多的效益，那是如何達成的？

A 這個問題很重要，PDP 剛好都有達成。我幫屈臣氏降低 30%流動率，由於是很大的零售連鎖門市店面，流動率都非常高，公司想要擴張經營規模，但一直卡在流動率太高，此與「投資報酬率」（ROI）不合算，所以當我們的 PDP 領導管理整合系統工具，幫他們降低了 30 %的流動率，他們就發現，因為降低流動率，服務品質相對提高，且為公司創造了很多利益，投資報酬率才會高。舉例：屈臣氏在台灣，之前已有兩千多人，現在已有五千多人。當初投資每個店面的更新，就投資了好幾十億在硬體設計上。對 CEO 來說，怎麼降低流動率，替公司創造更大的利益，確保投資報酬率 ROI，同時降低 30%流動率，可以幫公司創造什麼效益？財務長計算，可以幫公司創造一年「六千萬」效益，即會增加 ROI：6000 萬的績效。因為他們達成了，所以也成為我的客戶見證，為企業多賺六千萬，由於連鎖店若管理不善，死得很慘很快。

若存貨降低，人員的專業品質也提升，同時提升客戶滿意度，全部加在一起，就能幫公司創造更多的效益。同時美式連鎖餐廳「T.G.I.Friday」，也在 15 個月輔導期間，由 270 位員工擴充到 1500 位員工，流動率降低 50%，管理職流動率也降低 75%；且開拓型的人有舞台在新的展店區發展，達成公司擴充店的戰略與績效。

如何提升店長的專業績效品質，一般只看學、經歷，成功機率是 50%，失敗機率也是 50%。再來是找對的人，在不同的事業部門，該找怎麼樣的人，只要找對，就能提升公司的專業品質、服務品質，幫公司創造更多的效益 ROI 投資報酬率，我們每個重要的專案案例都能夠達成客戶 CEO 事先設下的需求，並提升 ROI。尤其屈臣氏也達成在「健康、美麗」公司的戰略，由世界第二名成為世界第一名的公司，過去二十多年來也成為我日常生活上使用的產品。

人物篇

他如何成就了經濟起飛的台灣？——透視蔣經國的內在領導力

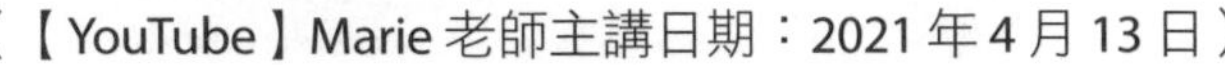

（【YouTube】Marie 老師主講日期：2021 年 4 月 13 日）

我繼去年年底和今年提到「半導體產業」影響整個台灣經濟，去年貿易還是順差，整個就靠半導體，如半導體兩個最大的代表：一個是台積電、一個是聯發科。聯發科現在是世界第二名，占百分之 20 幾；台積電占百分之 60 幾，由於幾乎百分之 80 幾以上的順差都是靠半導體產業，剛好我在寫聯發科專文的時候，看到「文茜小妹大」節目介紹了公視播的《未完成的任務》紀錄片，非常感動與感恩。

在 1974 年元旦後幾天，蔣經國那個時候是行政院院長。他對行政院秘書長費驊說：我已經做了兩個重大決策。他的決定很不簡單，因為才前兩個月，1973 年（民國 62 年），中東戰爭，全世界石油危機，且石油漲價漲得非常厲害，當然會影響我們的民生經濟物資需求，然後才過兩個多月，那時候蔣經國就對費驊說他要決定兩件大事決策：第 1 個是要做十大建設，第 2 個是台灣一定要發展高科技，你幫我去落實，即用國家的資源來落實建設。

接著就看到費驊跟孫運璿、李國鼎，費驊本身是交大出身，他們評估全世界科技產業，在那時候發覺 RCA 最適合，剛好 RCA 在美研發主任的最高主管也是交大畢業的，由於當時交大都是從大陸過來的，費驊也是，這樣一來，他們就連結起來，為台灣經濟發展努力。

工研院決定跟 RCA 購買，技術合作，運用政府的資源，所以不管曹興誠也好，還是蔡明介——當時他剛好在美國唸完碩士，因為這樣的因緣，時勢造英雄的機會，他們完全的投入到 RCA 那邊；半導體在當時，全球做得最好的是 RCA，當時因為 RCA 認為，我們台灣科技還很差，所以讓我們學所有的，包括「原創」；一般技術合作通常只教「How To」，它的根源、源頭、原創怎麼來，整個過程的根本，不會有機會讓你去摸、去學習，但 RCA 讓我們學全部。因為有這樣的機會，孫運璿也同意與 RCA 配合；剛好之後台灣的德州儀器，因為只剩 100 多個人，不賺錢，就請張忠謀來台，當時張忠謀是德州儀器美國華人的最高主管，德儀請他來台灣跟我們政府談：「要關掉德州儀器」。以前外商在台灣做任何的投資都是必須跟政府談的，結果孫運璿就跟張忠謀談，希望他回台灣，還有當時最重要的政府政策——也就是工研院的政策，基本上不要做國營企業，所以一定要發展落實市場面，等於所有的研發一定要經過市場的考驗，並申請成立一個新的公司，才能落實高效能的產業戰略；所以一開始就是屬於研發開創性的一個產業。

在蔣中正的時代，蔣經國當時是行政院長，當時有孫運璿、李國鼎和趙耀東，這麼多非常能幹又很清廉、績效很高的政府政務官，服從於蔣經國的領導。在那時，蔣經國就已這麼有前瞻性，我們看蔣經國雖在 1988 年（民國 77 年）去世，到現在這麼久（33 年），我們還在受惠。

所以在我講完台積電與聯發科以後，包括整個的調研，發覺此意義非常重要；由於我在 1994 年（民國 83 年，27 年前），回台灣的第一本著作就是《運用美國 PDP 的系統整合：所有領導特質與領導力》，當時我已在台灣做了幾萬個案例，包括跨國企業，還有台灣的產業龍頭；我本身又在美國念政治外交研究所，我的論文都是中美關係，後又學了 EMBA：跨國文化溝通。

剛好我在第一本著作的時候，有機會訪問陳立夫先生，他當時乃 95 歲，他這一生，其實對蔣經國命運的影響很大，他特到莫斯科接「人質」蔣經國回國。因為蔣經國 15 歲就到蘇俄去遊學，第一年是在莫斯科中山大學，他跟鄧小平是同學，第一年滿歡樂的，他日記還寫他跟鄧小平常常分享；他那時候又唱歌又跳舞，我想到後來台灣的救國團就是他主導的，如同大陸的共青團。我大學時代參加過救國團的兩個活動，非常的溫馨快樂。他年輕時個性的一面，後來的時間，因為蔣中正反共，史達林是蘇俄當時的領導人，就讓蔣經國變成人質，所以他在蘇俄待的 14 年裡面，有 13 年在做人質，非常辛苦。在工廠裡面當工人，每晚還投宿在街上，物質生活非常艱苦，身體也是非常煎熬。

後來因為西安事件，蔣中正願意國共合作，所以史達林就放人了，由陳立夫先生到莫斯科去安全地把蔣經國接回來。陳立夫先生在西安事件時，也到西安安全地把蔣中正接回來。因為西安事件是陳立夫、宋美齡和宋子文一起去和周恩來談判。我們的 PDP 裡面，我的第一本書中所寫的，當時在台北「唯一」還活著的人就是陳立夫先生，他寫的 PDP 問卷，分析出來就是整合型。我們待會兒會講 5 個類型的個性特質。他是整合型的特質，天賦優勢即是：很安全的談判，把蔣經國安全地接回來。我們知道人質問題如果處理不好，會很危險；他是整合型的，又帶有貓頭鷹特性。第一本書也講到周恩來就是整合型裡帶孔雀特性，他會乒乓外交，整合所有第三世界；後又跟美國國務卿季辛吉和談，一個代表是毛澤東，一個代表是尼克森，季辛吉是變色龍帶有老虎特性，稍後才會分類更詳細地講他們的個性特質。

很重要的，因為美國 PDP 領導管理整合系統，於 1994 年（民國 83 年，27 年前）我在寫第一本書時，其中我的創意智慧產權即包括了「5 個動物類型，再加上古今中外人物的個性配套」書面記錄。其中 5 種動物有：

老虎。老虎型占人口 15%，比較注重權威導向、目的導向、目標導向。有名的代表人物有蔣中正、鄧小平、毛澤東，及我第一本書裡寫到的「鐵娘子」柴契爾夫人、新加坡的建國者李光耀，和美國尼克森總統，都是老虎型，也具備老虎型個性。

孔雀。孔雀型也占人口 15%，孔雀型最強的是會勾勒願景。最有名的就是我們的國父 孫中山先生，他最會勾勒願景的價值，從一無所有，到留學生為他拋頭顱、灑熱血，華僑為他捐錢買武器，幫助他實現革命的願景與理想，國父的三民主義乃是發揚林肯的精神： 民有、民治、民享。這個也是國父的願景，而孔雀型最會勾勒願景，我在書上也寫到，現代最有名的領袖如雷根、柯林頓和歐巴馬總統，他們就是孔雀型代表，也是團隊的建立者。

無尾熊。無尾熊型占人口 20%，裡面的 95%都是在建立基礎，支援性最強。無尾熊型在大陸翻譯為考拉，占人口 20%，其中占 1%人口的無尾熊型是開拓性。

貓頭鷹。貓頭鷹型占人口 20%，比較重扎根、注重精確、一切以制度為準，比較注重專業的流程，如一般會計師、律師、精算師、建築師和醫師，一般高專業師字輩都是貓頭鷹型最多，但一個開心臟、開腦袋手術的醫生，通常乃是高難度前瞻性的外科手術醫生，反而都是老虎型。

變色龍。變色龍整合型占人口 30%，最會協調談判，也比較圓融，所以一個團隊裡面有他，就不容易太激烈的分裂，因為他的整合、圓融，讓大家火藥味比較小，所以一般的談判外交官，都要有整合型，外交談判才容易談成，不會敵我意識形態那麼嚴重，整合型也比較偏中性個性，適應力極強，占 30%。

Q Marie 老師，這次你對蔣經國的新調研有什麼樣的發現？

A 其實我乃是在六、七年前聽到很重要的學者——郭岱君，她談到蔣中正的日記，又看到蔣經國寫的《難忘的一年》。這些我在 27 年前沒有緣分看到，所以調研沒有研究、發現到這些，小蔣在 70 歲時寫的

（1975 年，民國 64 年）那一整年日記的摘要。在他 65 歲的時候，剛好他爸爸去世那一年，那一年對蔣經國內心世界的打擊和他事業上的衝擊很強大。事隔五年，1980 年，小蔣是 1910 年生的，1980 年就是 70 歲，因為他的日記只有寫到 1979 年，他做了一個很大的摘要。從他一年的摘要日記裡我發現，他有很多跟我們每個人一樣，只要是人都會有的生命考驗課題跟試煉，我看到很多他和他父親的感情，他願意從政的價值與他所有價值的決策根基。

一年 300 多天，蔣經國有 200 多天都是在民間，可以說是臨場感，瞭解民間真正的需求，完全是根據他自己第一手現場的決策品質來源；「老百姓的需求」是他從政最重要的價值，關心民生、老百姓的生活富足與否，他就從這邊去切入，他提到：我有一個最大的發現，那個時候一般傳統的領導人，決策時如果只參考由軍師提供的、會喜歡用象棋理論，就等於建議要在他自己的位置，不要出去。蔣經國剛好相反，蔣經國說他真正喜歡在外場，都是直接跟老百姓接觸，瞭解實際的情況，所以他瞭解民間實際需求的「優先次序」，因此他不會被他幕僚收集的資訊混淆，對他來說，一方面他最清楚自己的天賦特質，另一方面這也是一種放鬆，因為在他的辦公室裡面，比較會面臨「權力的分配，人心又比較複雜，他也很難看到一個人的真面目，他反易迷失」；在民間，他與百姓的各種接觸，一般老百姓都非常樸實，這些他看到的需求，他認為比較合乎真相，也是他最擅長的，所以他很喜歡出外訪問，跟民眾在一起，就是要幫助老百姓真正能夠在經濟上安居樂業，這一塊對他來說是從政最重要的價值。

當然到當地，他也會要瞭解官員，最後在做重要決策的時候，即會回到辦公室，把這些訊息再做完整整理，所以我看到的也剛好就是我這幾年一直想要追加的，他的工作T.A.S.K.任務的做事風格。小蔣行事風格的優勢是開拓型，開拓型一般都是改革者，當然我也要感謝最近看到了黃清龍寫的《蔣經國日記揭密》，讓我發現更多屬於蔣經國自己寫的日記的面向。

基本上，除了在研究人格特質與領導特質之外，也看到蔣經國本身情緒面指標非常長，PDP 心理科學包括：心智面、生理與情緒共三種面向的大數據庫。因此他的情緒非常的強烈，他的決策風格感覺線條非常長，約超過一格半以上，所以對他來說，他的整個能量要去現場全場瞭解，做出他自己真正的決策品質是很重要的，運用他的天賦優勢。由日記看，他是工作狂。所以我們看到他開拓性的個性，爆發力指標最高，同時又是無尾熊型指標最高，占個性特質的50%，無尾熊型的特色是注重人和人際關係的和諧，給人感覺是非常平易近人的領導人，所以生活上又非常的樸實簡單。從他的日記裡面，看到他對自己家庭的生活，在物質面非常節省簡單，但是對於老百姓與國家乃是必須要的，他在花錢上就全力以赴，最苦的時候，1974 年時面對危機，他就做了重大決策，如：台灣全力的發展十大建設與高科技。

由於台灣在那個時候，都是紡織業和製鞋業，那些都是低價位的東西，而他能更高瞻遠矚的看到更遠，且無尾熊型有一個最棒的特質，就是「持續的一致性」。對他來說，穩健、穩定的個性面特質，乃完全是他的天賦優勢，占個性 50% 特質的第一個主軸。第二個，他的表達性，也就是孔雀型的指標是非常低的，他很重隱私，所以在他的辦公室，等於權力中心裡面，他不會跟他的幕僚談到他的權利分配，所以辦公室的人都覺得他非常的神祕，他真正的政策決定，是要瞭解各地各行各業老百姓整體的需求是什麼？國家的資源缺什麼？可以看到他從不斷的跑現場，接著可以發揮他安靜的原創性，做出一個決策的個性特質。

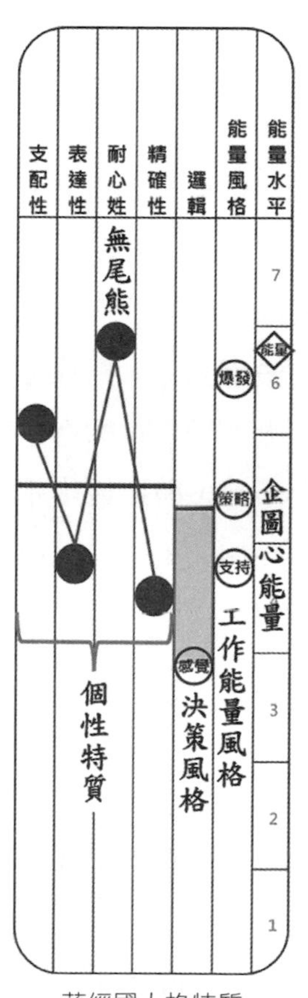

蔣經國人格特質
美國PDP領導管理整合系統

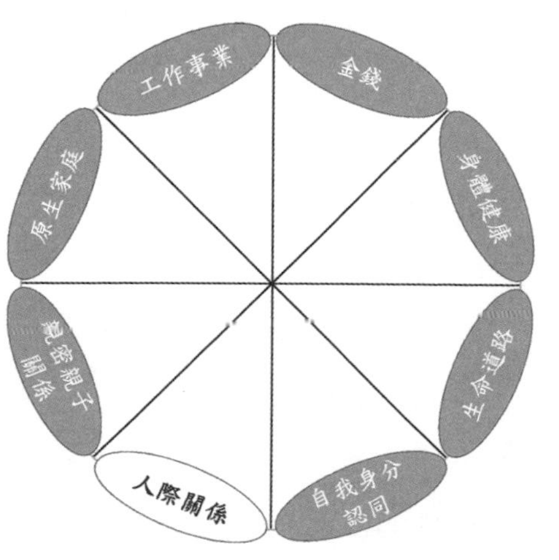

另外他的老虎型指標，即權威性與組織力這一塊，也在中線上的第二高 （乃第三個特色），所以他在做決策的時候，在他自己要負責的地盤，要怎麼做決策，這一塊是他可以完全輕易掌控的，這部分他非常清楚，乃是他的天賦優勢。我們知道他在政治生涯前半的時間，因為是蔣中正的兒子，而且是獨子，所以黨、政、軍，還有包括退輔會，這些該學的「政治的全面」他大概都瞭解了，最後讓他在前場真正直接掌握政權、掌握實力、權力的，就是從當行政院長開始。

1972 年開始擔任行政院長，一直到 1978 年當總統，再直到 1988 年（民國 77 年）去世，他有 18 年真正實際掌權。前面都是在各種舞台練習，我們可以看到他的決策思維是要跟人互動的感覺型，才能有優質的決策品質，另外是要影響這個角色品質的關鍵人、事、物，那就是真正的百姓需求，根據真正實際的需求，而不是紙上談兵，所以最後才在辦公室裡再收集其他的決策資訊，做最終的決策。日記裡面也講到：對於後來當總統的十年，由孫運璿擔任行政院長是他最滿意的人才，我當然要感謝這本日記，它的內容可以看到蔣經國很多事情的起心動念。

Q **Marie 老師，您在《蔣經國日記揭密》這本書裡面還有什麼樣的發現？**

A 這本書因為是他寫的日記，他的決策來源，還有他人生的 8 大生命課題試煉，每個人都有，成為人類生命課題的 8 大塊。我最深刻也最感動的就是健康這一塊，他在健康這部分的挑戰非常非常大，除了他是政治人物官二代之外，他從 55 歲開始，一直到他去世前 78 歲，一直是靠吃安眠藥入睡，而且非常辛苦，因為健康問題跟一個人的生死都有緊密關係，書裡提到像中壢事件等等的打擊，他每天睡眠都不到一個小時，睡不著覺，有時候安眠藥吃太多，一整天就沒有精力、沒有精神，這邊也看到，他雖然內在這麼辛苦，但從日記裡面寫的這麼多的折磨，他個人的物質生活還是過得非常節省，他的老婆蔣方良是俄國人，也跟他一樣非常節省，家庭生活過得非常節儉；身體健康的這一區塊，因為他是工作狂，一年有

蔣經國人格特質
美國PDP領導管理整合系統

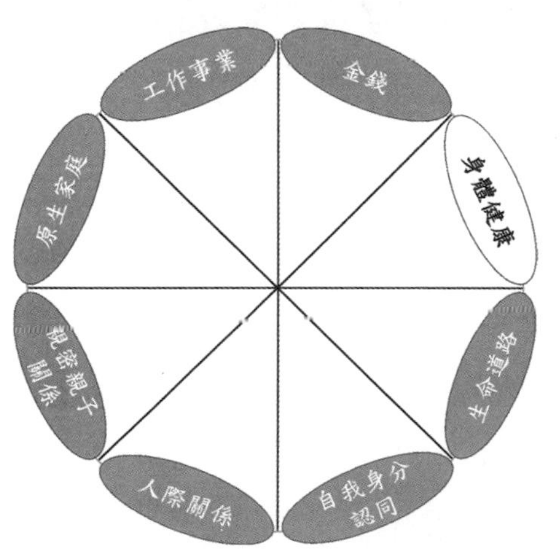

200 多天在外訪察，包括行政院長的時期都是這樣，從 55 歲就開始吃安眠藥，身體有這麼大的折磨，他又自己寫：他做大事的時候都很輕易，做小事的時候，反而更折磨自己，因為他是無尾熊型，基本上孔雀型跟無尾熊型都是人際導向，而他決策思維的感覺線條又這麼長，優勢在人際關係導向。

在人的導向之下，他情緒的感覺型決策風格又在一格多以上，情緒體就易被他自己重視的人際關係卡住，而更嚴重的壓抑情緒；以談政權而言，一般都非常理性，老虎型的人比較多，也就是目標導向，因此跟人際關係這一塊是比較抽離的，老虎型的情緒受人的影響不會這麼嚴重，而蔣經國乃是因為跟孔雀型一樣，他是無尾熊型（考拉型），屬於人際導向，所以他到民間的時候，對他來說有很多的滋養和很大的感動與啟發。他也看到榮民想家，所以後來解嚴，因為就像他在蘇俄 14 年，他也是出外留學且很小就離家，先去上海唸書，所以當時他常常想家，他的日記裡面一大堆都是他想家的整個過程。因此他這塊的同理心是非常強的。他要確定大的整體政策沒有問題，他在走前的最後一年，先後是「解嚴、解黨禁與返鄉探親」。此外他在 1974 年（民國 63 年）任行政院長的時候，就能夠高瞻遠矚把台灣的整個經濟發展（至今已 47 年），要走怎麼樣的路，整個都已鋪出來了。

看到他身體的健康是對他個人下半生，尤其是又在掌權做決策的時候，最大的一個折磨跟考驗，他自己提到，他做大事、大的決策能很容易，而小事、小的決策卻很折磨他，包括與他在權力裡面用的人事都有關係。這就是因為人際關係最強，因此決策的敏感度，特質長的優點，也最容易被人事打到，都是在人的這一塊，這一區塊的日記，等於剛好與我們「PDP 心理科學應用系統」在瞭解人的個性特質相互呼應了，我們看他有這麼大的考驗，他還能夠做這麼大的決策。

他的原生家庭關係，與他爸爸的關係，他寫日記最早起因乃是應爸爸要求，老蔣因為不希望小蔣在十幾歲出國留學就被蘇俄洗腦，所以要他天天寫日記，即使他爸爸後來年長已不能看，他自己還是每天寫，日記裡面可以看到爸爸對他的影響，他非常在意爸爸的肯定，他寫他看到的爸爸的個性，就如同我的第一本書《成功軌跡》，詮釋蔣中正是老虎型個性，蔣經國寫到，爸爸蔣中正比較不會被人際關係課題卡到，做什麼決策都是當機立斷。他也看到自己，常會在對人的情緒上受影響，他自己的健康也是，所以他 50 幾歲的時候，爸爸蔣中正就常常叫他輕鬆一下，要他情緒、心情不好的時候多到日月潭去，而且讓自己不要工作量這麼大，去清理一下自己的情緒，我們也看到他寫日記，對他來說是自我整理，在自己的情緒上面，他有很多的應該、應該、應該，所以他的基本個性雖然是開拓性風格，但還是「非常高傳統的價值觀」。

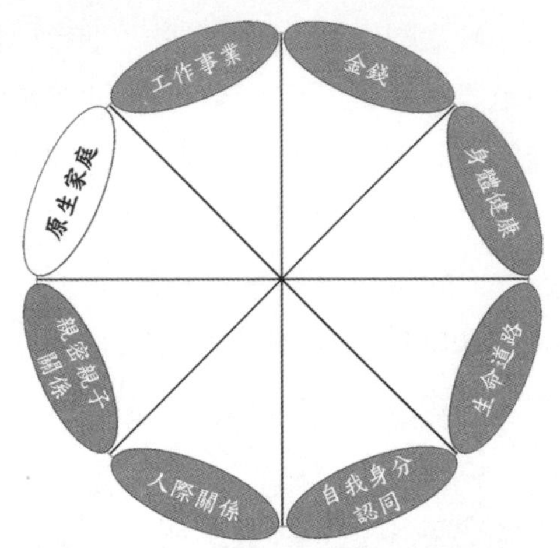

他對母親也是非常的愛慕，跟繼母宋美齡就沒什麼感情了，因為繼母也不算出自原生家庭。

他自己的親子關係，有三個男孩子，書唸得不好，進軍校也唸得不好，他覺得非常慚愧，他常常自我檢討，以前老婆在蘇俄的時候很喜歡運動，但到了台灣，因為蔣經國工作的關係，小蔣自己乃是工作狂，且以前反共抗俄，夫人又是俄國人，所以她很少出去，本來還打保齡球，後來也打點小高爾夫球，但她覺得都要找人陪同很麻煩，後來她就待在家裡，跟自己的 4 個小孩，三男一女在一起，所以小孩很可能也被老婆縱容，有點寵壞了；雖然如此，他跟老婆的關係還是非常好。

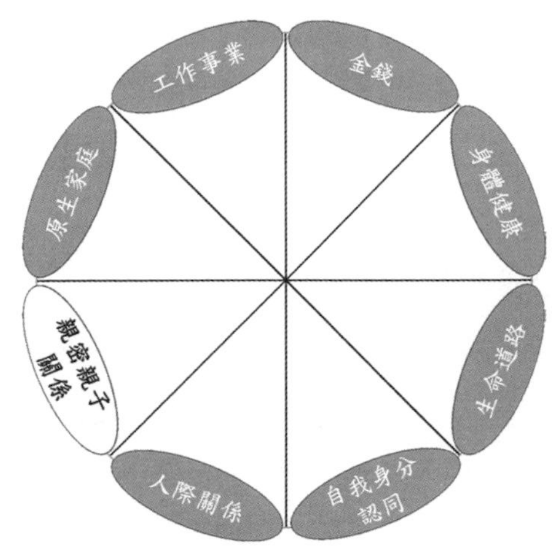

當他寫到在 1979 年美台斷交，剛好老婆那段時間生病住院，他感覺非常的孤獨，原本孤獨的時候老婆在，他好像還有一個人可以陪伴吃飯，後來老婆一個多月都在住院，他在生活上過得很慘，包括他寫日記都提到身體健康要靠吃安眠藥，遇到中壢事件，他還說好幾次都想尋短，因為覺得太羞辱了，怎麼會搞成這樣子。我們可以看出他對自我的要求非常非常大，爸爸的企圖心水平能量一定也比他高，已在 7 區，對蔣經國來說，他的能量水平，我們 PDP 有 TASK 執行工作任務，K 就是他的能量水平（如電池），能量也約在 6 點多，因此是工作狂，且對自我要求標準很高，對自我的責任要求也很大，這也是為什麼他做大的事情決策很容易，越小的事情，尤其人事方面對他的折磨就越大，我看到他在日記裡面對自己這麼檢討，這對我的幫助也非常大。

好！總結我這次根據《蔣經國日記揭密》這本書發現：蔣經國對國家社會、對自己、對人，自信自勉，就是要求自己身體力行，這個是爸爸送給他的教養，也是當年他得到最大的禮物，雖然在事實面他算是官二代，但為什麼到現在為止，他在 1974 年（民國 63 年）元月 2 日的重大決策，直到現在還能夠幫助我們台灣？這在實行民主以後到現在，不管中間遇到什麼樣的狀況，還能夠對我們有這麼大的幫助，就是半導體投入高科技事業。這裡要提到世新大學傳播學院院長游梓翔，他在臉書上有分享一本非常重要的，一個叫 Joe Taylor 的美國人寫的《蔣經國傳》，他的中文名字叫陶涵，他在蔣經國去世前的 1987 年 5 月，等於他去世前 8 個多月，因為蔣經國是 1988 年的 1 月 13 日去世的，蔣經國對當時國民黨秘書長李煥，給了三個很重要的叮嚀是：

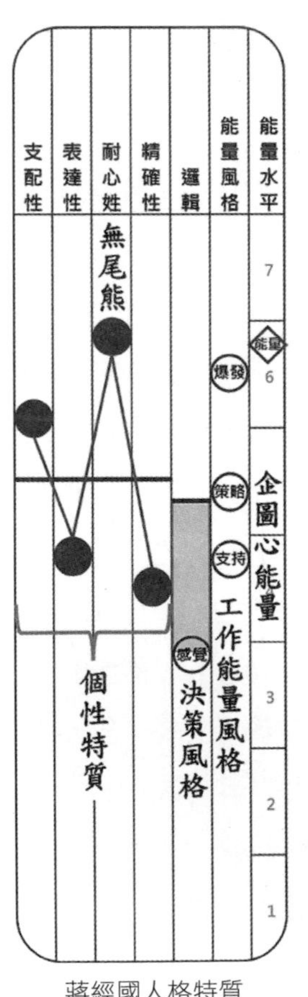

蔣經國人格特質
美國PDP領導管理整合系統

第一個，國民黨一定要改造：他說如果不改造，國民黨的活力消失，人民會拋棄國民黨，甚至於黨員都會流失。

第二個，政治一定要民主：當然包括取消解嚴，像解除報禁。

第三個，他認為兩岸要統一，我們必須採取主動踏上統一之路，台灣和大陸終究必須統一，兩岸若不統一，台灣恐怕將越來越難獨立存在。

他的三個預言、叮嚀，基本上就像神預言。

蔣經國能夠在身體這麼折磨的情況下，在整個大的前瞻性的題目中，還能夠做這麼正確的決策，影響經濟至今 33 年，他等於掌權了 18 年，從 1972 年一直到 1988 年去世以前，剛好鄧小平也是掌權了 18 年，從 1978 年年底一直到 1997 年的年初 2 月多過世，也是政治改革 18 年。隨後 1979 年的 1 月 1 日，美國和台灣斷交，美國和中國建交，所以鄧小平的貓論已經把中國變成了一個在經濟層面走「資本社會主義」這一條路，所以老百姓的生活自由化，他在這 18 年間也改進了非常多，習近平剛建立的時候，他又公佈了兩大塊：他的清廉政策一定要跟蔣經國學績效，因為他們是走一黨專政，他說這個要向新加坡的李光耀學，因為他們在國家做主掌政治的這些，不管是總統也好，還有所有高階主管，教育層次要最優秀，這個教育層次不是只有學經歷，我們也看到新加坡李顯龍，也是李光耀之子，在蔣中正那個時代的人，都會傳子，李顯龍說他現在的政治可能要開始經歷更多的挑戰，所以只有學經歷的專業頂尖還不夠，還要像蔣經國這樣真正瞭解民間的需求，才可以立於不敗之地。

Q **Marie 老師，這次您對於小蔣的部分，你還要追加什麼？**

A 我 45 歲（1994 年，民國 83 年）的第一本書，就是古今中外領袖人物的領袖特質剖析，書名叫《成功軌跡》，這兩個多月看了蔣經國的日記，我剛好是看傳記特色的，我從 18 歲看到現在，看了 50 幾年，所以對我幫助很大，他是無尾熊型特質，指標最高，這種個性的人代表什麼呢？他的個性很注重和諧與親和力、喜歡合作、比較輕鬆的、溫暖的及很有耐心做中長程，基本上，他對於他決定的東西是滿堅持的，這是他個性的特色。另外，他喜歡追求整個中長程的方向，然後持之以恆，這種類型的人，最喜歡講路遙知馬力，所以他做事非常有耐心，而且務實。他的個性不喜歡衝突，避免對立，也討厭突發的狀況，我記得他寫 1979 年美國跟台灣斷絕外交，還有 1975 年他最敬愛的父親逝世，對他人生是滿大的打擊。

從 1980 年（民國 69 年）蔣經國日記的摘要，我發現他是真的喜歡到民間去瞭解真正的民間需求（對老百姓安居樂業的需求非常關注），他的個性特質，其實最喜歡的還是以經濟救國，要在權力的中心，他雖然黨、政、軍、情資這些都做過，他最喜歡的，我想一個是救國團，他找到自己，另外就是在民間，因為沒有權力的往來，不玩權力遊戲，對他來說是最大的滋養，他在 70 歲的時候，他說他雖然跑民間，在實際瞭解後，最後要做決策時，他會回到辦公室，也不會耽誤他要做的任何決策，因為喜歡跑民間，喜歡看最前瞻性的東西，看真正的決策關鍵訊息，他說他不喜歡在辦公室裡面，對他來說就如紙上談兵，他不喜歡做這些。他第二個最大的特色占 20%，在 PDP 裡面，最低指標的特質就是第二大特色，這部分他喜歡抓大的方向、前瞻性、獨立自由，他不喜歡被幕僚影響，他的個性對人很敏感，感覺線條決策思維很敏感，過去經驗與直覺力很強，所以他對他要做決定的政策，都是最前瞻的，他喜歡去民間探訪，很多重要訊息來源都來自民間，不是在他的辦公室裡面，這是他運用自己個性的優點，他都還滿清楚的，在權力中心別人覺得他很神祕，因為他喜歡觀察，然後很安靜的思考，做決策的時候表達很含蓄，而且是選擇性的溝通者，尤其是在權力周圍的幕僚，或他辦公室裡面的政權單位高階主管，蔣經國不信任林洋港，還有蔣經國想像力豐富。

他的第三個個性的特質（影響比例較少），他的孔雀表達指標非常低。第四高的（影響比例更少）老虎指標特質在中線的上面，代表主動積極，他的重要目標，如何去管理、交給誰，就像他交給孫運璿，他說跟孫運璿共事是最愉快的，我們可以看到，他在台灣經濟起飛的時候，重用了孫運璿、李國鼎、後來的趙耀東，都是經濟績效最好的時期，這些政務官非常好，很清廉，以績效、國家為上，跟他的默契有一致性。他的能量風格是屬於爆發力最強的，所以他喜歡到前場，占三分之二的工作時間，自發性強，臨場感高，為民間國強民富，他對國家安全這一塊會很慎重的去處理，還有機動性比較中間，規劃特質也算次高，他會堅定不屈不撓，我們的國防，不希望一切都被美國控制，他內心的世界像火車頭一樣，做了決定以後就會啟動貫徹，且有很長遠的持續力，他本身是前瞻性的，所以他不喜歡在辦公室浪費很多的日常，對他來說「常規性的工作」不是他喜歡的，這也是他個性中很重要的特質。

Q　Marie 老師，人類成為人都有八大生命課題，小蔣的挑戰是什麼？

A　小蔣在 70 歲的時候，寫他 65 歲這一年是生命最辛苦的一年，他的爸爸去世（原生家庭），國家的事也很多（事業），是很大的震憾，他寫到：他生命的道路完全認同他父親給他的一個勉勵，只要有利於國家社會的建設，有助於福國利民的事業，任何的艱苦都是一個試煉，任何的責難都是箴規，任何的險阻皆當所不辭。他已經接受了從政的生命道路，這是他給他自己最大的一個方向，70 歲公佈的這一年的日記「難忘的一年」提到，在他 65 歲，爸爸走的那一年，他寫下：我的身分認同，對我個人、對國家、社會、對人、對自己與生命的道路，為我的信念，勉勵自己，建立自信，總期望我自己能夠身體勵行，無時無刻不要懈怠。

每做一件事都會寫在日記上，以期時時可以自省，自勉自勵。在 1979 年美台斷交時，美國大使很突然的在半夜通知，他在很短時間內鼓舞所有同胞要「莊敬自強，處變不驚」，而後才不到 9 年，我們的貿易就成為世界的第 15 大，所以對他來說，生命的危機，還有事業的危機，自我身分認同的危機，挑戰大的事情，走前一年解除黨禁、解嚴與開放返鄉探親，他對大家宣佈：「我是中國人，我也是台灣人」，他已在台三十幾年，他都以此為標竿來面對。我們也從他的日記中知道他的生命過得很辛苦，因為他等於沒有讓老婆參與公事，只有他的私事，爸爸給他的最大禮物，就是從蘇俄回來以後，讓他寫了 47 年的日記，在很苦的時候他都會到慈湖，跟爸爸在一起，希望從爸爸這邊得到一些靈感、一些撫慰，可看到爸爸對他的重要與決策者的孤單。

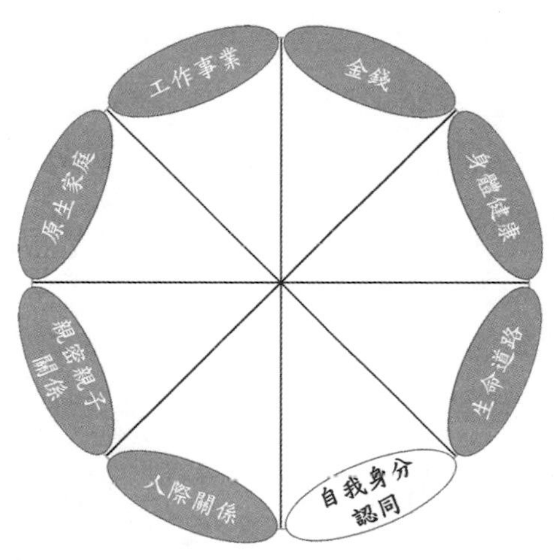

「自我身分認同」價值觀：只要有利於國家社會的建設，有助於福國利民的事業，任何險阻皆當不辭。

1987 年走前一年宣佈：「我是中國人，我也是台灣人」。

透過他「難忘的一年」及《蔣經國日記揭密》的日記，我由「生命教練」的角度，得到的結論是：小蔣傳承了爸爸的從政信念與價值觀、生命存在感及他的生命道路——「福國利民」。爸爸老蔣的天賦禮物在軍事與政治舞台上，但他看到爸爸的夢想反攻無望，被美國甘迺迪總統臨門一腳告知而停止，美國政權在二戰後成為世界霸主；他自己對政權、權力遊戲的折磨倍感辛苦，決定將自己的天賦禮物全用在「大事」上：經濟立國、福國利民的十大建設及建立高科技島國的「高瞻遠慮」，重用孫運璿、李國鼎及趙耀東，其共同理念的清廉才建立了台灣的基業。

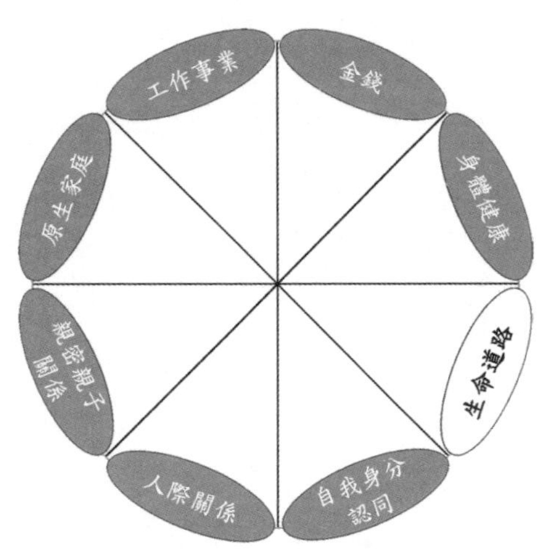

「生命道路」：1979 年美台斷交，「莊敬自強，處變不驚」。
「事業的危機，自我身分認同危機」：經濟立國，福國利民。

後記：

事業危機挑戰、自我身分認同挑戰與「生命道路」，在1979年中美建交，美國與台灣斷交後不到9年，已領導台灣成為全世界第十五大貿易（國），令全世界刮目相看，成功穿越上述三大項領導力的生命試煉。

用領導力化解兩岸僵局創造和平：張亞中的特質與建言

（【YouTube】Marie 老師訪問張亞中校長主講日期：2021 年 6 月 29 日）

1 Marie 問：請簡述一下你個人成長的過程，大概分成幾個階段？

張亞中：1954 年在台灣台中出生，我的人生成長階段其實很多，先談從我大學畢業以後在政府公職的時間。我第一個工作是在台灣第一核能電廠當工程師，負責核能工程的電機跟運轉的工作，大概花了兩年時間，1979 年中美斷交，我那時候認為有志青年應該要為國家做一點事情，所以那時基本上想說自己可不可以考外交部，並於 1981 年考上政治大學外交研究所，同一年我也考上外交部，所以我在外交部，那時候是用德文考進去的，德文是因為我在核能發電廠工作的時候自己自修，然後 1981 年我就分發到維也納工作兩年，一方面在那邊工作，一方面修一些課程，1984 年回到台灣，我又繼續完成我的學業，繼續在外交部工作。

碩士唸完之後我想要更進一步，所以我去念政治大學政治研究所的博士班，還沒有唸完的時候，外交部又派我到德國漢堡工作，我那時第一個想法是要好好工作，漢堡的辦事處處長德文比較不好，所以館裡面大概就是政務、僑務、商務、領務我一手包，其實工作非常辛苦，還包括會計，但那個時候我的想法就是，我們國家跟德國沒有外交關係，但我們可以讓德國人看重我們，所以我在外交部上班的時候就在德國念了一個博士學位，1991 年我同時得到兩個博士學位，一個是台灣政治大學的博士學位，另外一個是德國漢堡大學哲學學位。

在 1992 年的時候，國家急於要建立與拉脫維亞的關係，所以外交部決定在一個晚上之內把我從漢堡派去拉脫維亞工作，我也沒有任何準備，就在出席前幾天來到拉脫維亞的首都——里加，同一時間在拉脫維亞的大使館，也就是總理事館，經過半年多以後，我很順利的把我們的國旗升起來，這是我在外交部十幾年來第一次真正的在外交領域跟中國大陸有交手，很幸運的我們獲得短暫的勝利，1992 年開始兩岸關係出現很大的變化，就是九二共識，我那時候覺得兩岸關係很重要，就像我在核能發電廠，那時候要去外交部，我覺得外交部很重要，但我媽媽就說，你在核能發電廠做得好好的，去外交部幹什麼？當我從外交部離開，準備到陸委會工作時，我的母親又說，外交部做得好好的，你離開幹什麼？所以也許從世俗的角度來看，我做了一些大家可能很難理解的事情，可是我覺得兩岸可能比外交還重要，所以我在 1992 年從外交部商調到陸委會，負責大陸的一些政策規劃及制訂。

那時候的職務就是陸委會的檢任官，在陸委會擔任專業委員的工作，負責政策規劃，後面大家看到的台灣和大陸的政策白皮書，叫做「台海兩岸關係說明書」，就是我那時執筆的，關於一些台灣的重大政策，我幾乎也都有參與，所以我大概瞭解那段時間九二共識到底是在做什麼，以及後來的變化，我想我是非常清楚的，我到 1995 年的時候就發現，李登輝的大陸政策跟我所想的不太一樣，我當時面臨的抉擇就是我要留在陸委會繼續工作？還是回到學術界把我對兩岸關係應該有的方向和路線寫下來？這對我來說又是人生一個很大的轉彎，因為我在外交部工做作了 10 多年，在陸委會也做了 3 到 4 年，我的年資加起來大概 15 年，如果這時候離開，對一般世俗而言確實損失滿大，因為再 10 年就可以退休了，可是我那時候覺得人生還是有很多意義要走，所以我在 1995 年的時候就離開了我長達 10 幾年的公職生涯，剛剛講的應該算是一個中階高層的公務員。

因為我跟李登輝的理念並不太一樣，我發現李登輝在兩岸問題上可能走向獨台的路線，我就面臨了一個選擇要繼續留在陸委會工作，還是回到學術界把我對兩岸關係、對國家的關懷寫成一些書或文字？所以我最後還是決定離開已經十多年的行政經驗，我到了南華大學，為什麼去南華大學呢？因為我跟星雲大師有一些緣分，所以我從 1995 年到南華大學，1996 年開始是台灣第一場的民主總統選舉，那時候星雲大師找我幫助陳履安，所以我在陳履安選總統的時候，負責他整個政策的總顧問、總規劃，對於陳履安的政策規劃，我把我自己對兩岸、國際關係的一些歷史文化問題，跟他談完之後寫成他的政策，所以這是第一次，我希望把我的理念透過總統選舉來落實。

但我們知道很遺憾的，陳履安 1996 年並沒有選上，所以我那時候繼續在南華大學做建校的工作，我在南華大學大約 6 到 7 年的時間，前面幾年的時間，你知道一間學校從平地起高樓，要花很多時間，後來幾年我就快速的著作，我大概 1999～2002 年這 3 年把所有的政治思想完成了白紙黑字，所以那段時間是我自己用文字形成政治思想非常完整的時期，一直到 2003 年台灣大學要招老師，我就申請了，也很僥倖的錄取，而且是以正教授的方式聘用我，這就是我從 1995～1996 年進入學術生涯，一直到 2003 年這段時間。

我到台大之後路線又出現分岔，一方面我在台大擔任正教授教一些國際關係、兩岸關係，和其他課程，但你也知道我到台大以後，台大是公立大學，所以我以前在陸委會和外交部的年資又接上了，對我來說又是一個東方不敗，因為我退休可以有退休金，這時候我就更放膽的去追尋我想追尋的東西，從我剛剛說我進外交部或是陸委會，就可以很清楚我真的很希望為這個國家做一點事情，而且我也認為我可以給國家正確的方向，我的白紙黑字也寫出來了，2003 年到台大之後，我覺得除了教學以外，我有更多時間從事對社會的關懷，那個時候我就開始進入生命的第三個階段，第一個階段是公職，第二個階段是教職，第三個階段是教職加上社會運動。

我在 2008 年兩顆子彈的社會問題時，台灣社會充滿騷動，我開始參加一些驗票工作，我在 2014 年辦了一場比較大的社會運動，那時候成立一個叫做民主行動聯盟，我當總召集人，在 2014 年的一場戰役就是反對 61481 的軍購，因為我們那時候要花 6108 億去買三項軍購，包括 PAC 三型機、愛國者三號飛彈，我當時認為國家的軍購當然可以買，但是必須站在國共政策角度，國共政策又必須符合國家安全政策，你要講到底為什麼要買這個東西？要買多少才夠？因為我認為光靠武力不能確保兩岸和平，但是因為民進黨執政，我只能扮演社會運動反對的角色，2015 年又出現一個比較大的任務性活動——修憲，我那時候覺得國民黨跟民進黨聯手修憲，也會帶給台灣幾個隱憂，第一個隱憂是基層再次被摧毀的時候，其實憲法原來的架構就已經受到一些挑戰和質疑，或走向法理台獨的情形；第二個如果修憲通過，台灣的小黨基本上就沒有生存的空間，因為兩個大黨把那些生存的方法改掉了，我認為小黨是社會上的少數力量，他有兩個特質，一個是雖然往往是弱勢，但小黨也是社會進步的動力所在，所以當我們思考一個學理制度的時候，必須考慮到小黨的生存空間，於是我就帶了 150 個人參與這次任務性國代的修憲，後來我們大概只當選 5 個人，還是沒有能力阻擋這次國代的修憲，算是功敗垂成。

2006 年你知道台灣最大的一場社會運動是倒扁，這一場也是我們民主行動聯盟開始做的，放暑假在六月下旬的時候，我們就在中正紀念堂的門下，後來改成和平自由廣場的門下，我們開始每天晚上在那邊辦演講辦活動，開始進行一場反貪腐、要陳水扁下台的社會運動，後來我的觀察是，基本上陳水扁主張台獨，他可能會用台獨的東西掩飾他貪腐的事實，我跟施明德先生也是好朋友，所以我當時去找他，問他要不要出來帶領這場百萬人的倒扁活動？當然也許是我的建議，或是他有自己的考量，最後你看到的結果就是施明德先生願意出來帶領這次百萬人倒扁的活動，所以後來百萬人倒扁活動有兩個主戰場，一個戰場是凱達格蘭大道，另外一個戰場在中正紀念堂門口，我就是在中正紀念堂門口，施明德先生負責凱道，整個這一年最後的倒扁也是功敗垂成，我大概是所有倒扁成員裡面唯一被判違反集會遊行法的，被判了 50 天的拘役，後來看我是大學教授，給我緩刑 2 年，我是在所有倒扁活動內唯一被處罰的，但是我覺得那還好，因為你要從事社會運動，就要接受任何人對你的公權力的打擊，我不會像 2014 年太陽花運動那些年輕人一樣，好像又要造反，被抓又不高興，其實我覺得這就是社會運動的遊戲規則。

到 2007 年民進黨又有一場所謂的入聯公投，國民黨要推反聯公投，我的專業知識告訴我，如果這場公投通過，北京大概也很難接受，因為他們對於公投跟聯合國都很有意見，但我並不是反對進入聯合國，要進聯合國要跟北京坐下來談，找到一個和平的方法、解決問題的途徑，可能要簽一個和平協議，北京才會容許台灣參加國際組織，在北京協議還沒有簽以前，北京基本上是反對一中一台，所以如果台灣在簽和平協議以前，想要參加國際組織、取得會員資格，我覺得是非常困難的。在沒有辦法簽和平協議以前，讓台灣用一個民粹、公投的方式去表達政治訴求，我覺得對兩岸關係會造成非常大的政治傷害，所以那個時候我帶著我們民主協定聯盟反對入聯公投，也反對反聯公投，後來國民黨也開始覺得這個問題很嚴重，所以國民黨也對大家說，針對這兩個公投不要去投票，所以才讓這兩個公投都沒有過。簡單來講，從 2004～2007 年，每一年都有一場社會運動的戰役，2008 年馬英九執政的時間，對我們來說可能就不需要再去從事社會運動了，我可以開始推動兩岸關係的發展，我對兩岸關係的琢磨也很深，我寫了好幾本書，這個時候我跟北京有一些互動，包括辦一些兩岸對話的座談會，包括我在北京和台北、日本、澳大利亞、雪梨，我都辦了兩岸的政治對話，特別在台北跟北京這場，我們也邀請紅藍綠，包括綠營的他們都有出席，除了這個之外，我也推動兩岸退休大事的計畫，我們要討論國際空間，所以我們在台北、北京、太原、重慶也辦了四場大型的兩岸退休大事的對話，雙方參與的大概有 6、70 人次，我覺得也是一個非常龐大的數目，另外我還推動兩岸之間退休將領的對話，我把它稱作「築性研討會」，建築大家的信任，這段時間我為了推動兩岸關係，辦了不少兩岸之間的政治對話，我辦政治對話跟其他人辦座談會最大的不同，在於我自己對於兩岸關係有自己相當長的個主張，像是兩岸統合，所以在這一方我都跟他們進行溝通的工作，在兩岸這一塊；另外在歷史文化這一塊，我們建議馬英九先生，我們在歷史文化上有點走偏了，可不可以針對這件事情來做一點改變？我們發現這非常困難，所以我找朋友開了三家出版社，我們自己來出歷史教科書，同時間我們也幫馬英九先生做課綱微調，最後都做完了，但馬英九先生並沒有堅持，變成新舊課綱並存，這代表新的課綱已經沒有用了，所以在歷史文化這一塊也算是功敗垂成。

而兩岸這一塊，我們也沒有辦法為兩岸做太多事情，2016 年馬英九下台以後，這段時間因為洪秀柱擔任黨主席，我就建議洪秀柱在擔任黨主席時期，可不可以成立孫文學校？所以孫文學校是中國國民黨的中常會通過的，在通過以後，我有幾個重大工作。第一個是弘揚孫文思想，第二個是深耕中華文化，第三個是推動兩岸的和合，這三個東西都是我這二十幾年來一直在做的事情，這段時間我也寫了中華文化的文史叢書，包括我寫了孫文思想基本讀本、中華文化基本讀本、本國史基本讀本、文言文基本讀本、台灣史基本讀本及 228 的讀本，我覺得我現在在民間先做，將來可以把這些課程變成網路課程。

剛剛說到 2016 年以後，我又做比較跟實際政治有關係的事，以前做的大概都是眾人知識，我並不是搞政治的，但我做的都是政治的事情，可是我自己不是以一個政治人物的面貌出現，而是以學者、社會運動者的面貌出現，2016 年以後我幫洪秀柱選舉，慢慢進入政治裡面扮演一些角色，後來洪秀柱被換掉，但我認為國民黨已經有一些問題了，所以在前段時間，我參加了 2019～2020 年的總統初選，那時候雖然我沒有選上，但我這次又抓到一個機會來參選中國國民黨的主席，我本來只是參與政治的事情，現在變成自己去投入，所以從 2016 年以後，對我來說又是一個新階段。

簡單來講第一個公職階段，第二個學術界階段，第三個學術界加上社會運動，和我在民間辦學術研討會的投入，第四個階段，2016 年，我更多扮演的是希望實際政治上能達到我的目標，所以我這幾個過程，大概滿複雜但也滿清晰的，回去可以看一下我寫的這些簡歷，可以參考，第一題其實還有很多可以講，但時間關係，我們先談到這裡。

2 Marie 問：在你成長過程中：你一向追求的是什麼？你覺得你最重視什麼？

張亞中：其實我在自己人生的這段期間，寫了 30 幾本書以後，我自己回頭來看，我這些書有沒有共同的特質？例如人做一個畫家，雖然他畫的是山水，但他的思緒一定會影響他的畫風。同樣的道理，我雖然寫了 30 幾本書，但我要思考到底貫穿我這 30 幾本書裡面的基本精神是什麼？這很重要，因為我並不是一般學者知識性的傳播而已，我希望我的每本書背後乘載我對社會的關懷，就像我寫兩岸關係、國際關係、小國崛起，我寫這本書背後有我想要表達的東西，而不只是在介紹事情而已，我們講文以載道，我們一定要乘載什麼東西，我剛剛說從我當完兵以後，在核能發電廠當工程師，再當外交官，再到陸委會，再到南華大學辦學校，然後進到台灣大學，接著社會運動，再然後辦孫文學校，這一路走來，每一本書，我都會用序言來把我這段時間人生的經驗做介紹，所以你把我每本書的序言拿來看以後，大概就可以拼湊出這是我的人生。

你說我一生追求什麼？我們不要講什麼高大上的話，我剛剛說我寫了那麼多本書之後，我的思想最重要的是人間佛教，人間佛教基本上在我的思想裡扮演很重要的角色，就是包容、尊重，包括我們如何解決兩岸和平，包括兩岸問題、社會問題，彼此之間是否能相互尊重？所以說追求什麼？嚴格來講我不是在追求一件事情的成功，我也不想把自己定義成是成功的領導人，因為我覺得一件事情的成功，一定是因緣俱足的，不是你想怎麼做就可以成功，就像我們看很多企業家接受訪問的時候，書都還沒印出來企業就出現問題了，每個人或許都認為自己的成功是個什麼東西，但我自己有人間佛教的一些積累，包括我自己是國際佛光山的世界理事、中華佛教的聯合總會常任理事，所以我自己對佛學這方面有相當理解，這種態度當然影響到我，我當然會追求自己心裡面希望能做到的事情，我認為這件事情對這個社會是有幫助的，至於事情會不會成功？我不會把成功當作唯一標準，我不會不擇手段的去追求成功，因為我相信一件事情的成功是要因緣俱足的，與其說我追求成功，不如說我追求創造成功的一些因緣，因為我覺得，因緣到了以後自然就會成功，因緣沒到，再怎麼努力都是白忙一場，但是凡走過必留下痕跡，你種的因一定會成為果，所以我不管在外交部、陸委會、學術界、社會運動，其實我每一次失敗率都非常高，幾乎沒有成功過，真正的成功也不是因為我的努力，而是因為環境的許可。

就像我剛剛說的，我搞社會運動那麼久，只有 2008 年反聯公投有效果，倒扁、反軍購基本上看起來也都失敗，可是你說入聯公投、反聯公投是我贏嗎？也不是，那是因為國民黨改變了立場，鼓勵大家不要投票，跟我沒什麼關係，可是我們這一點點累積的過程中，其實也都在傳達一個訊息，包括馬英九任內，我做了兩件很重大的事情，一個是兩岸關係的對話，一個就是歷史教科書的階段改正。事實證明我這兩件事情全都失敗了，我都沒有成功啊！馬英九沒有接受我的主張，歷史教科書也沒有實踐，所以我是一個失敗者。可是我覺得隨著每次失敗種下一些因緣，這些因緣包括有人看到我、洪秀柱選舉的時候，她希望我來幫她忙，就變成她的兩岸政策，接受我張老師的主張，包括她自己三月份參加研討會，她也在公開場合說：「我的兩岸政策是以張亞中為師」。

同樣道理，我因為累積這些東西以後，我寫了 30 幾本書，於是我在參加 2019 年國民黨的總統候選人初選的時候，可能媒體都知道，張老師講得最精采、最有內涵，可是大家投票都希望投給會當選的人，所以大家投給韓國瑜或郭台銘而不會投給我，我也覺得沒什麼關係，對我來講是一個播種的概念，所以你問我一生追求什麼？其實就是把你當下活得好好的，做一些你當下應該做的事情，好比說我當時在核能發電廠，已經是很好的工作了，我在民國 66～68 年在核能電廠工作，一個月的薪水高的時候可以達到 5 到 6 萬元，為什麼可以那麼高？因為核能發電廠有大修的時間，一大修，加班費就會變得非常高，有時候 1 個小時算你 30 個小時，因為有危險性嘛！換句話說，我的薪水這麼高，可是我不幹了跑去外交部，外交部的薪水也滿高的，一個月可以拿到 4 到 5 千美金，但我又不幹了，跑去陸委會工作，陸委會一個月只拿到 6、7 萬塊台幣，後來我到南華大學去，我的退休金全部都沒有了。

Marie：那你媽媽一定很挫敗，媽媽要的是安全感！

張亞中：媽媽要的是安全感，可是我們年輕人就是比較有膽識，我追求的就是我想做而且有意義的事情，我當然想成功，可是隨著我的年紀慢慢增長，就佛教的一些觀念來講，你成功不是你想要成功就成功，很多人大談成功之道，我覺得這可能是某種程度對自己很有自信，但是我會認為人應該心存感恩，你的成功其實是眾多因緣給你的，你所謂的努力只是中間的一個小策略而已，如果你碰到一個很好的夥伴，或是外在環境對你很有利，像很多台灣的商人當時是隨著台灣的經濟建設而起來的，他怎麼做都會賺錢，所以我追求的是當下這件事情我覺得值得，我就去做它，至於成功失敗我不會看得那麼重要，因為成功失敗不是取決在你一個人而已，但是這件事情有沒有意義，我覺得更重要，當然我們也會考慮萬一這件事情做不成，我會受到什麼傷害？這種基本的判斷也還是要有。

就像我這幾年搞社會運動，我透過捐款和自己的花費，大概花了快 8、9 千萬台幣，我花很多錢，還好我的家人都滿理解我，我覺得錢就是拿來用的，我是一個很平凡的人，我就追求一些我想做的事情，有意義的事情我就去做就好。你說我重視什麼個人的特質？就是 just do it！我比較在意的是，當我在談一個問題的時候，在佛教來講，我是不是正知正念？自己講得對不對？這對我來說是很重要的一點，就像我在參選黨主席，我只要相信我講的東西都是為台灣好、為國民好，那我講就對了。正知正見也不見得就是意念，有很多人他們的意志力很強，當然我們每個人的知識非常有限，也許你的出發點在別人看起來是錯的，佛教來講就是顛倒夢想，可是我們總是有一些指標，可不可以讓更多人有更大利益？我所擔心的是，我的正知正見，是不是真的正知正見？

這才是我要擔心的事情，假如我是正知正見，我就去做，有人接受就接受，有人不接受就不要接受，佛陀有說有幾種人不渡，第一個沒有緣的人，佛教來說，無緣之人沒辦法渡，佛只渡有緣人；第二個社會集體的共業，連佛都渡不了，什麼叫社會共業？第一次及第二次世界大戰爆發誰也救不了，如果台灣的社會都集體愚昧，我也沒辦法，可是對我而言，我可不可以透過參選黨主席，如果有機會拿下黨主席的大位，我就可以為兩岸做點事情，避免兩岸的兵凶戰危，這件事情我也不知道有沒有好處，但就是做起來很舒服，也是在做善事，所以我比較重視的是這一方面，我也不會用各種手段去成功，因為我覺得成功是各種因緣具足，我不必為此不擇手段，你認為得到成功，可能背後是失敗，成功是虛幻的，就像有人是企業家，可是他的家庭是失敗的，或是朋友關係是失敗的，你的成功是什麼面向、具體是什麼東西？可是整個人間的事情，其實都是連環在一起，我們中國跟西方不一樣，中國很少用成敗來論英雄，都是一個人的氣節來決定是英雄或不是，所以這是每個文化的積累不一樣，對我來說，最重要的事就是星雲大師說的做好事、存好心、說好話，然後給人歡喜、給人方便、給人希望、給人信心，我們能夠多給別人什麼，我們是最高興的，我今天沒有錢給別人，但在佛教來講，我可以把我的知識佈施給大家，至於你聽不聽我真的沒辦法，我希望你支持我，你偏要支持民進黨、江啟臣我也沒有辦法，我也不能拿槍逼你，我更不會去買票，沒有這個必要，所以這就是我一直講的。

3　Marie 問：你認為一個成功的領導人應該重視什麼？

張亞中：我剛剛說成功的東西，它是因緣俱足的，當然你可以講得很漂亮，要有毅力、恆心、堅持，我覺得這種東西我都尊重，假如我的題目是告訴你，我對成功領導人這個概念，我都會提出一些質疑，你認為我是成功還是失敗呢？你看馬英九或是陳水扁，或是李登輝，或是蔡英文，他們也成功啦！但他們帶給台灣社會什麼？我覺得每一個東西，你要成功，其實要有好的品質，不需要你這個懦弱的人，一定要堅持你的理念、有恆心、有知識，就是成功的必要條件。

Marie：你說有氣節的領導人，那是什麼？

張亞中：你問我這些問題，其實你可以看得出來，我從來不會去想這些東西，這是很抽象的，我從來不去想一個人要成功需要什麼條件，就像我們教小孩，你要把小孩培養成什麼樣的品格？譬如好的品性、身體健康、做事情很堅持，然後往善的方面，人生這樣就好了。成功在我的人生裡面從來就不是重要因素，我不是生下來追求成功的，講不好聽的，我生下來就是做我想做、我覺得有意義的事情，我說我當了台大教授、我寫了 30 幾本書，我算不算成功？應該算吧！可是我剛剛說，如果是說我的政治理想，一個都沒有實現，我就可能是一個失敗者。簡單來說我覺得作為一個人，你歡喜就好，你做這件事情歡歡喜喜去做，什麼叫作歡喜？我們常說施比受更有福，所以對我來講，你如果能給別人的越多，越是成功的人，你能夠帶著別人捐給別人越多，就是成功，像是聖嚴法師、慈濟，是很成功的，所以說你剛剛講的，那一些很簡單的，我覺得都需要，只要是好的體質多多益善，邪惡的體質越少越好，什麼是邪惡的？不需要我們在這邊講，美德、基本的道德，如果沒有這些東西，你追求的成功可能是害人，這些東西對我來說也不是真正的成功。

4 Marie 問：從你的角度，你看國民黨未來的發展？

張亞中：這個問題太複雜，我覺得國民黨現在就是失去理念跟靈魂，現在的國民黨黨主席跟李登輝有什麼不一樣？你們的思想完全都一樣，國民黨跟民進黨到底差別在哪裡？理念跟思想在哪裡？

5 Marie 問：你對兩岸關係，你的主張是什麼？

張亞中：就像剛剛講的兩岸關係，每個人都希望和平，方法是什麼？光談主張，我們以台灣優先，都可以這樣講，但是方法在哪裡？所以其實很重要的，就是當我們談問題的時候，進入到另一個層次，方法論的問題，你做這件事情怎麼做？這可以討論，我上課常常說立場不必中立，但態度必須客觀，就是你是獨、我是統，沒問題，但是我們討論兩岸關係怎麼走？就像沙盤推演一樣，你認為這樣子不錯，你要獨立，但你認為你要獨立，大陸會不會打你？你如果說他不會打你，這就不能討論下去。從所有的條件來講，你要獨立，他就要打你，我這討論是有基礎的。你要主張兩岸和平，怎麼主張？所以我張老師白紙黑字，把我所有的主張寫出來，我的看法很簡單，你可以有不同立場，但是討論問題態度要客觀，你可以討論完之後說：張老師你講得非常棒，但我就是要台獨。這我也尊重你，就像你今天到 101 最頂樓，我告訴你從上面跳會摔死，你說我知道會摔死，但我還是要跳，那我只能尊重你。

我的看法就是國民黨的未來沒有清晰的理論跟路線，請問誰要追隨你？一個黨跟一個人一樣，剛剛講成功，最重要的是「令人尊敬」，我不講成功而講尊敬，你如何讓人尊敬？同樣的道理，國民黨跟個人一樣，如何讓人家尊敬國民黨？尊敬有很多特質，好比你為什麼尊敬星雲法師，尊敬你的朋友？尊敬慈濟人？為什麼會尊敬，一定是你覺得他做的事情對社會有幫助，不是為了自己的小情小趣，而是為了整個社會的利益導向，同樣道理，國民黨的目標如何讓大家尊敬？第一個方向在哪裡？理念在哪裡？做法在哪邊？黨員的要求在哪？你如果沒有辦法做到這點就會讓人唾棄、贏不了。

至於兩岸主張太複雜了，我的主張很簡單，第一個階段要創造和平，因為我寫過幾 10 本書，我沒有辦法在這邊跟你說，兩岸要結束敵對狀態，兩岸敵對狀態對台灣不利，對國民黨更不利，因為民進黨就希望兩岸敵對不要解決。只要不解決，你的退休將領到大陸去，人家會指責你拿了退休金跑到大陸去；台商到大陸去可能就是以商圍政，以民逼官，出賣台灣利益；大陸人到台灣來就是扮演匪諜，所以就透過《反滲透法》，國民黨被壓著打，因為敵對不解決對國民黨最不利，可是現在的國民黨能解決敵對問題嗎？你講九二共識是以中華民國為憲法的共識，這是防衛性的說法，北京說九二共識是以中華人民共和國為憲法的九二共識，你接不接受？你當然不接受，各說各話也不可能結束敵對狀態，現在國民黨幾乎沒有一套共識可以解決問題，讓兩岸和平，民進黨更不要提了，民進黨的做法只能帶來災難。

我的做法跟主張有一套完整的論述，從敵對走向和平，從和平走向整合或統合，最後再談統一問題，所以我們跟大陸談的就是：你要談統一，我跟你談和平統一的方法，你要談台獨，我們談台獨的方法問題，你有方法告訴我，你可以獨，那我追隨你，可是你的方法走不下去，我在 2019 年參選總統時，我說了你要台獨只有一種可能，台灣 2300 萬人，晚上 12 點在海邊集合，每個人發一支槳，用力划，划到夏威夷去你就宣佈獨立了，地理位置決定你的命運，對方不讓你獨你就不能獨，對方讓你獨，他的政權就要垮掉了，所以這個台獨，急獨就給你急統嘛，台灣最大的急統派就是民進黨，因為你天天搞台獨，最後就是走到統一，你知道我在說什麼吧？

兩岸關係這一塊，我的資料因為太複雜了，但我會在參選黨主席的時候公佈兩岸和平的備忘錄，這就是我自己要參選黨主席，我會怎樣讓兩岸關係往前推？兩岸定位是什麼東西？簡單來講，我覺得兩岸應該是兄弟關係，所以在這個基礎下，我們來推動兩岸發展，但現在的基礎是敵人關係，民進黨希望兩岸關係是外人關係，北京希望兩岸是父子關係，而我覺得我不同意父子、外人、各說各話的關係，國民黨是各說各話，你說什麼關係就是什麼關係，那不是很奇怪嗎？我也不同意敵對關係，我主張兩岸兄弟關係，用國際法或憲法的概念，我們講兩岸是分治不分裂的，我們是分治，但我們不分裂，中華人民政府跟中華民國政府，各自存在，政府是一個治權的觀念，可是中國不是中華人民共和國也不是中華民國，中國是中華人民共和國加上中華民國。

Marie：分治不分裂？

張亞中：分治是主權，主權不可以分開，就像我們有左腳右腳，可是我們身體一樣只有一個心臟。

6　Marie 問：你所帶領的孫文學校未來計劃是？

張亞中：孫文學校剛開始建立的目的，是希望給國民黨一個理念，我剛剛講三個方面，第一個是孫文思想，第二個是中華文化，第三個是兩岸和合，這是現階段的三個方向，再往下推，希望能把孫文學校打造成大陸的孔子學院。

在海外的話，我希望可以辦一個國學會考，考哪幾科？考文言文、中華文化、本國史，台灣史也可以在裡面，如果還要再加一科就考孫文思想，這個東西將來我想用網路去做，所以我現在寫教材，比如說我們中華文化，總共有 108 個單元，就錄製成 108 個課程，放在網路上給人點擊，讓大家觀看，等過一段時間再考試，用考試和教學的方式讓大家瞭解，我們現在大概只能辦一個網路學校，沒有足夠的經費去辦一所實體的學校；我將來會和海外的華僑結合，讓小朋友可以加強他們的中華文化，這也是我想做的事情，所以簡單來講，對黨而言它是一個建立思想的部隊，但對中華民族來講，它是一個可以為兩岸創造和平及中華文化學術延續的重要單位。

Marie：為什麼國父思想和中華文化會擺在一起？

張亞中：國父思想他是一個政治思想，我認為他的民有、民治、民享、民族、民權、民生，滿符合現代 21 世紀科學，因為現在西方的民族主義出現很多問題，我們學習馬克思的這種東西也不是非常完整，我覺得孫中山畢竟是中華民族在 20 世紀算是一個了不起的政治人物，我們自己也要有自己的政治思想，孫中山有談到他的政治思想來自於三個方面，一個是中華文化，一個是歐美學說，第三個是他獨特的創見，所以我覺得任何思想都應該來自這三個方面：一個是我們原有的，一個是別人好的，第三個是當下有特殊性，我們覺得需要的。我覺得這個是可以去思考的，而且孫文思想是兩岸之間最大的一個公約數，所以從孫文思想中，大家可以互相找到一個交集，你今天講三民主義，那邊講共產主義，大家在三民主義這個地方會合不是很好嗎？

Marie：剛剛講的是中華文化，這也是你的「人生定位」嗎？

張亞中：人生定位，我覺得我的人生定位不斷的在改變，其實生命就是做一些自己覺得有意義的事情，做得快樂就好，能夠做就盡量做，不能做就隨時結束。也就是說，有很多事情不必太強求，像我現在就是覺得我有這個能力就盡量做，哪一天我發現我的能力能做的大概也做完了，反正我的書也寫完了，那第二天就結束了，這有什麼關係呢？所以我是一個隨時可以停止的人。

Marie：其實你現在是假設，你有這種感覺嗎？

張亞中：這要看我的結果怎麼樣，生命中還有很多事情要追尋的，我也可以繼續去佛光山做義工，做很多事情，其實這個階段我想選黨主席，如果真的選不上，得票率很差，那你還能怎麼樣呢？

Marie：所以跟你人生的定位，不是唯一的一條路……？

張亞中：我剛剛說了，這個世界一直在變，你不是一路走到底，光明走到底、黑夜走到底，生命是多元的、包容的，每個都很重要。我還是那句話，我們活在當下，做我們覺得有意義的事情，做我們能去做的，我們活在當下去創造成功的因緣，能不能成功我不敢保證，別人不支持我我怎麼成功呢？這不就這麼簡單嗎？

7　Marie 問：談談你的家庭互動？

張亞中：還好，家裡面就簡單的事情，這沒什麼。大家互相尊重。

Marie：在家庭方面的人生追求？

張亞中：還好，家裡面的人都滿支持。（PS. 丈夫角色：PDP 的心理科學問卷：也是很滿意，過去三個月當丈夫角色的能量與滿意度，耗能量：很健康又輕易（在心智面、情緒面與生理面）。

Marie：包括兩個小孩嗎？

張亞中：對，我也不會讓小孩站在檯面上。因為這種東西何必呢？我們今大做的事情是公眾的事情，台灣的媒體環境又這麼差，我們想做的事情跟別人解讀的不一樣，我們今天做的事情是公共的事情，我一個人做就好，小孩處理自己家裡的事情。我把這兩塊切很開，我絕對不會讓我的小孩和太太出來幫我選舉，我情願找志同道合的朋友跟我一起選，小孩也不用幫忙拉票，那我覺得這個事情我不做。

8 Marie 問：古今中外你最佩服的人物是誰？

張亞中：第一個，你覺得你佩服誰？你佩服誰不表示你要變得跟他一樣，我覺得佩服誰這個問題，其實我會問學生你為什麼佩服他？如：成吉思汗、秦始皇，為什麼？我自己最佩服的是玄奘，他在年輕十幾歲的時候就已經認清楚他這一輩子要做的事情，這我做不到。然後玄奘把整個洛陽城所謂的寺院都走遍以後，他心中還是充滿著理想，想要到海外學習帶一些正的佛法回來，那你知道他在唐朝的時候就偷偷跑出去長安城，這一路下來就是十七年的時間，他獨自十七年跑了 170 個國家，走了 5 萬多公里，他帶回來有 657 部經典，後來在唐朝把他翻譯出來，你看他走路走的中間經過九死一生，他寧向西方一步死，不回東土一步而活。

基本上他的意志力很堅定，這我做不到，這太了不起了，一個很年輕的人就知道要做什麼事情，這我做不到，第二個：一個人走沙漠到印度納蘭陀寺讀書變成全校第一名，然後變成一個人物，就像現在念美國哈佛大學，然後變成最優秀的學生。很多人希望他留下來，但他還是選擇回中國把這些佛經翻譯，讓整個中國的佛教界有一些新的知識，更重要的是有新的交流，一輩子就做這一件事情，然後他為什麼偉大？我覺得沒有一個人會因為他而喪命，他雖然不像成吉思汗或拿破崙那麼偉大，可是有多少刀下亡魂？他做的事情又是為整個人類文明做很大的交流，在中華文化是很有意義的，但我也不想變成他，太辛苦了，所以我覺得我年紀慢慢大了以後對玄奘很佩服，一方面他很執著、很有毅力，也做了很多對社會是善的事情，他並不是做一些邪惡的事情，帶給人們是一種光明面，所以我很佩服他，但我自己做不到，基本上我們在做這些事情的過程中，我們也想為了人們做，可是我們的意志力沒有那麼強，我們有一些資產，我們也會盡量做，也許我們已經比別人多做很多了，可是對我來講，我跟玄奘的心境還是不一樣，他那種九死一生，用生命去做，我很佩服。

我們今天還是用一種理性，我也希望台灣變的比較好，可是真的做不到，那也不能怪我，我相信他也是這種心態，可是人家花了十幾年，事後證明他了不起，當然也許我將來做成了，我做了一個自傳好像很了不起，可是我不願意背負著所謂的盛名，我就是一個平凡人，我只是想把我做的事情跟大家分享，想為這個社會做點什麼。

Marie：你個人最佩服的是玄奘不是孫文？怎麼會花了十幾年的時間去發揚孫文思想？

張亞中：沒有十幾年，從接孫文的學校是從 2015 年開始而已。

Marie：2015？但剛剛感覺好像很長的一段時間。

張亞中：是 2015，我也做其他的事情，做兩岸別的事情。

Marie：2015 年開始研究孫文思想嗎？

張亞中：不是研究，我們早就瞭解了，只是名字取為孫文學校而已，那孫文思想我覺得滿重要的。

Marie：你比較專注在孫文學校是從哪一年開始？那所學校不算的話。

張亞中：一般我以前就讀過，但沒有很深入的去研究，後來因為我自己要做孫文學校，所以我看了很多書我也去寫一本書叫做孫文思想基本讀本，我自己把這些消化之後再寫一本，那你也知道六十歲的體會跟二三十歲的體會是整個不一樣的，所以我是用比較經典的文字把它寫出來，但你看基本上孫中山也是一個偉人，可是你要看有多少人因為他的關係而死掉，而唐三藏他基本上這一生在追求的就是文明的文化，也沒有人因為他而死，他所帶來的就是一種慈悲心。

Marie：那玄奘跟唐三藏是同一個人嗎？

張亞中：是，西遊記把他給美化了，西遊記是一個故事。

Marie：好，所以故事是一個想像，但是是同一個人。

張亞中：對。我現在回想：玄奘其實不簡單耶，了不起，叫你去哈佛大學讀書讀完當助教就很開心了，對吧？但玄奘還是答應承諾，包括去高昌國的時候，國王跟他結拜，他就說我回程的時候再來，十幾年過後他回程的時候，人們建議他走水路比較快，他就說我有答應高昌國，我要遵守承諾，可是到了高昌國，這個國家已經被滅掉，而他也不知道，但他還是遵守承諾，那回國以後他也不要階級，我覺得這種人的毅力是超乎我們想像的，而且他做的是文明的事情，他雖然沒有像拿破崙或哥倫布那麼偉大，但有多少中南美洲的人因為哥倫布被屠殺？

Marie：一將功成萬骨枯！

張亞中：對，但他這個完全沒有一將功成萬骨枯，我真的很佩服他。

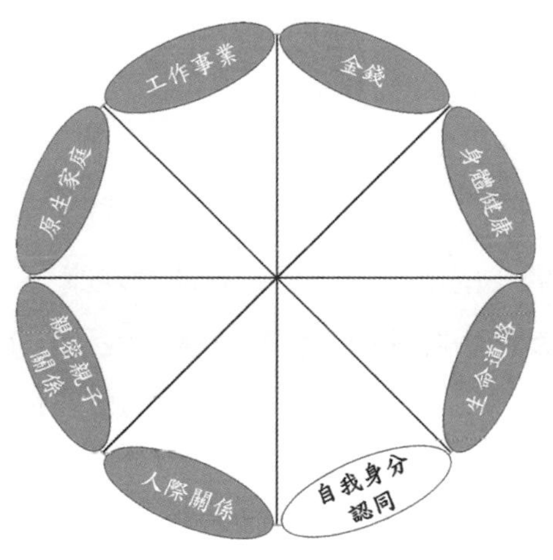

「自我身份認同」價值觀：

他最佩服玄奘的文明文化與慈悲心帶給人們「光明面」

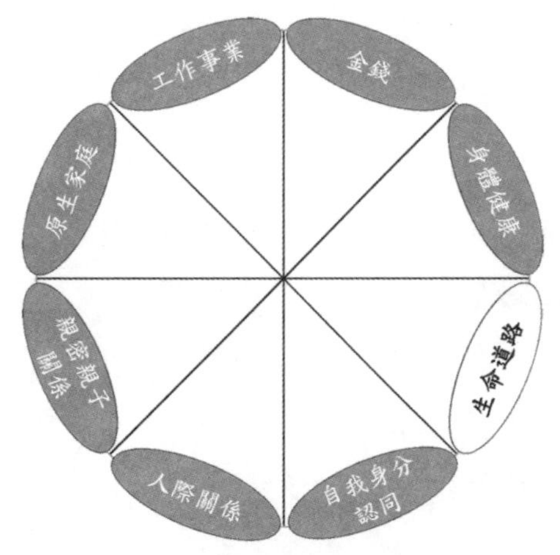

「生命道路」

化解兩岸僵局，創造兩岸和平，更深化

「中華文化的根」

9 Marie 問：對台灣的年輕人有什麼建議？

張亞中：大家都不喜歡別人給他建言，我覺得還是要培養一些自己的正知正見，腦子要清楚一點，知道什麼是對的、什麼是錯的、什麼是善惡？這非常重要，第二個是你覺得值得去做的事情就做吧，因為成功失敗不是取決於你而已，你就盡量去做，畢竟生命本來就是一個過程，生命是無常的，我們怎麼知道我們能活幾天呢？你每天要活得有意義，就像忍辱負重，30 年為了報一箭之仇，那萬一掛掉怎麼辦？所以我覺得珍惜、認真的過每一天，第一個培養自己有正知正見，事情很清楚，有善惡……。

Marie：正知正見跟正念？

張亞中：對，所以做一個善良的人，也把自己的身體顧好，身體要健康，頭腦要清楚，有了好的身體跟正知正見，去做一些你覺得有意義的事情。

正知、正見、正念，不要想去害人。做一些對自己和對社會好的事情，因為社會就是一個公益和私利結合在一起的地方，你做公益對自己好，這是天經地義的事情，做你自己喜歡、想要做的事情，享受過程的喜悅就好，不要只是為了目的去做事情，因為目的、成功這些，不是你自己想成功就成功的，成功需要各種因緣，所以你碰到各種困難的時候要再去想，是不是要創造更多因緣，當你失敗的時候面帶笑容，可能可以接觸到更多好的朋友來幫助你，當你今天埋怨、控訴，就像吊一個垃圾袋在身上，誰願意接近你？就是盡量創造一些好的因緣，對年輕人來說是很有幫助的。

Marie：你在訪問的時候說，你的思想是很宏大的，你很注重「應該做什麼」，其實思想上還是滿傳統的？

張亞中：我其實思想很奔放，對我個人來說我思想很奔放，但是面對社會，我會盡量做一些幫助社會的，我自己可以海闊天空，可是社會必須穩定，對社會大眾有幫助，這兩個概念是不一樣的。所以我在私領域是非常自由奔放的，可是面對公領域需要規矩，因為是公眾的事情。這兩件事我分得非常清楚。

Marie：可能跟你待在國外有關係？

張亞中：我不知道。

Marie：你出國以前會這樣嗎？

張亞中：比如你說大港開唱，你在自己家裡隨便罵三字經都可以，可是在公共場合這樣在幹什麼？因為社會每個人的水準不一樣，不是每個人都很強，你可能會把他帶壞。

10 Marie 問：請填寫一下您的 PDP 領導特質問卷。

Marie 說明：你看我們如果有五種動物，我們會用老虎、孔雀、無尾熊、貓頭鷹、變色龍，也透過古今中外的人物來分析。根據你的學經歷，再加上「PDP 的自然本我」，基本上你的個性的第一個開關，是屬於支配性的老虎型，你做任何事情都是主動出發，也不會等待，你的組織動員力很強，包含各種人、事、物，你的天賦個性是主動、自主、主動出發、非常有建設性、非常目的導向，你也會自發性如此；另外你很前瞻，因為你其實非常重隱私，你的原創力跟想像力很強，你喜歡安靜地把東西做出來。

剛剛這些互動其實是你的角色，你講話喜歡講重點，因為你最高的指標是支配性，你最低的指標是精確性的相反，因為你是宏觀的、抓大方向的，所以你看任何事情都會看更大的圖片，你是非常獨立，又非常自由自在的個性，你不喜歡負責精確的東西，你喜歡比較大的方向性，導航型的個性，你的耐心性是介於中間，需要調整就會調整，你的決策思維比較重感覺，對人的直覺力很強，也會注重自己內在直覺。

你的能量風格是開拓型，在老虎型裡面是開拓型，在15%老虎型中，開拓型的人口比例又更少，大概占 7.5%，你是主動讓事情發生的人，而不是只有等待，你也是有謀有略而不是衝動的特質，你的爆發力跟規劃力幾乎重疊，差不多準備好就做，所以這一次是真的差不多準備好了，很有力量，你的能量水平在第 5 區，你希望你做的事情是在頂尖的前 20%，是在那個領域的啟動者，主動讓事情發生，我們看你過去 3 個月花最多時間的是收集你的決策品質，你這樣做的方向對不對？這個是你用了最多能量的部分，第二個要求自己講得更精準一點，因為你過去是抓大方向，而這 3 個月你要求自己講得更精準一點，過去 3 個月你用的力量包括心智面、情緒面還有生理面，對你來說精力上乃是很輕易，你到處演講，滿意度很好，而且是建設性的滿意度，可能這次是因緣到了。

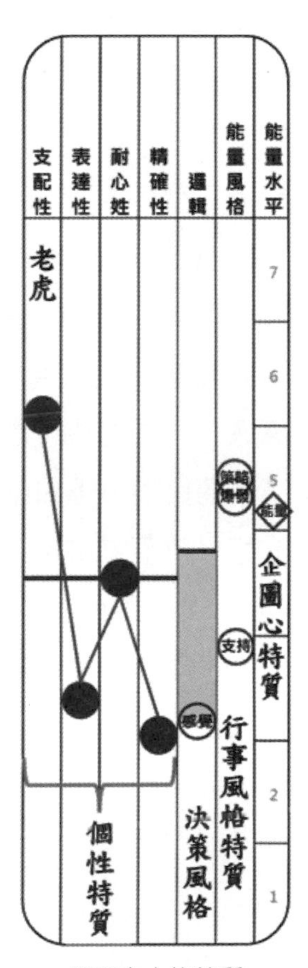

張亞中人格特質
美國PDP領導管理整合系統

這次你決定出來選國民黨主

人物篇

席，很有毅力，你的能量就是自我感有建設性的提高，提高大約半格，別人看到你在談東西是給很多事實，所以可能是博士的訓練，別人看到你是給宏觀的大方向，跟你原來的差不多，所以你在大眾表達就比較不一樣，你是擁有權威論述的老虎型，講出來都命中：創造和平，別人看到的是你的決策根據事實來講話，別人看到你的開拓力跟能量水平都是高標準、高企圖心。這是美國 PDP 心理科學，96%的精確度喔，是運用統計學！

後記：

繼 2020 年元月份到 2021 年 5 月份，我對孫文學校總校長：張亞中，即開始調研，深入了解這位國民黨的黑馬，6 月份訪問他，包括現場填寫 PDP 領導特質問卷，更了解他的高瞻、洞見獨特、創新又深入的兩岸和平論述，尤其他選黨主席的目的，坦白講是要恢復國民黨的黨魂，建立兩岸真正的和平及落實中華文化，由於他已提出穿越權力的誘惑，今年5月份即聲明：當國民黨要選總統時，為了指揮官只能有一位，即使今年他選上國民黨黨主席，到時候一定會將此位置交給代表國民黨參選總統的領導人；不會再有 2020 年韓國瑜選總統，內又有吳敦義黨主席，共兩位的指揮官——領導力絕對無法集中；失去贏的契機。

拜登與川普：內在領導力比較

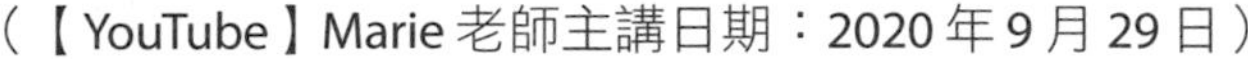
（【YouTube】Marie 老師主講日期：2020 年 9 月 29 日）

我在 2020 年 4 月 14 日的時候分享了世界兩大經濟強權：第一大的美國與第三大的日本，我上次分享川普和安倍晉三，美國這次競選，每天都有新的火熱的事情發生，我來分享拜登跟川普的領導特質和內在領導力的格局比較，其不同領導人會對全世界的關係有影響，也影響對台灣的關係。

滿觸動我分享，乃因 2020 年在 3 月 12 日以後，我更深入的看，當然又有很多的事件發生，可以看到拜登更多的面向，我除了在哥大和聖約翰研究所念中美關係，我主修國際關係與政治科學，科班訓練，我個人的論文都是中美關係以及兩國的領袖領導力與他們百姓的命運。

1974 年（民國 63 年）在美國留學第二年創業，我運氣很好，我從汽車零件製造與外貿，這種由台灣外銷美國及全世界的事業，轉業以後改從事「教育傳播事業」的心理科學：美國 PDP 領導與管理整合系統。回台經營兩年後，即已有大企業的幾萬個 PDP 案例。

我自己回顧了一下，我從 1993（民國 82 年）年 1 月 20 日，28 年前寫的第一篇文章，就是「柯林頓的領導風格」專欄，即在他當選總統的那天，1993 年（民國 82 年）1 月 20 日，由工商時報的「經營知識版」登出。我的第二篇是寫「鄧小平」，第三篇（1993 年 3 月 12 日）寫「國父 孫中山先生」；第四篇寫蔣中正總統；第五篇寫「蘇俄的戈巴契夫」；第六篇寫「雷根總統」；第七篇寫「柴契爾夫人」；然後我又寫到「毛澤東及周恩來」；寫到「季辛吉」，當然我會先寫「尼克森」……。因為我主修政治科學，這乃是我科班學術訓練，雖然我沒有從政，但是「PDP 系統」專門就是領導管理、心理科學、系統科學大數據庫，它同樣也是在政治科學學術訓練中，最重要的是 360 度研究收集所有的決策相關事實與決策品質；領導人在做決策前，如哥大在政治科學的研究，考試曾出現「如果你是甘迺迪總統，古巴危機再發生，你會怎麼樣決策？你的優先次序是什麼樣？與決策的比重？」也因此我在 27 年前出版的第一本書《成功軌跡中外領袖人物的領導特質大剖析》，剛好寫到企業界所有 CEO 的願景、定位、戰略等決策品質，都是成敗很大的關鍵，因此有很大的共同要素。

我在 2020 年 4 月 14 日已有講到，川普說「美國優先」，在政治學上此乃常識：任何國家的領導人，他的國家領土及百姓安全，乃是他第一優先的職掌，這是不用論就知道的，必須要做的事情。我剛好這幾個月講完川普後，即開始研究拜登，我看到拜登有很多的特色，就像他被民主黨提名，正式代表民主黨參選，他在 2020 年 2 月的時候還滿辛苦的，他幾乎排名只有第 5 名，他在 1988 年第一次競選副總統、競選總統沒有成功，那個時候美國是老布希當了總統；另外就是第二次他選總統沒有成功，但運氣不錯，歐巴馬選他為互相搭配的副總統，因他乃在外交上長期擔任參議員的經驗，因此他有 8 年實際跟歐巴馬共事，在很多外交領域代表歐巴馬去很多的國家，所以他實務經驗非常多；我們現在先看他的黨與他的人和：包括歐巴馬、柯林頓、卡特總統、還有歐巴馬的老婆蜜雪兒，及上次競選失敗的希拉蕊，通通為他做見證，對他的人品與人緣，及對他這個人本身為什麼可以代表民主黨，在這個美國兩百多年的民主制度、民主政治最危機的時刻。

因為選川普，當初大眾還以為他會幫助美國，不要有政治背景的訓練，而是由企業的訓練，讓美國經濟可以更活化。但我們今天看到的反而是一個民主政治的危機，除了民主黨前幾任的總統幫拜登做見證之外，連共和黨的幾個州長，他們真的看不下去川普這麼爛，所以他們就背叛了川普，來為拜登見證。當然裡面也包括搖擺州，為何要選拜登？拜登有一個滿重要的說法：在美國，現在是民主的黑暗時代，也是美國兩百多年來，民主制度最危機的時代，老百姓需要一道光，不是只有害怕。拜登把人性的這一塊，每個人都有的神聖的一塊，用輕鬆的語言提出來。剛好我自己過去 30 年，除了心理科學外，同時也學習了 22 年的「生命教練」，在生命教練的靈性成長過程裡面提到：每個人內在都有「人性面的受害者創傷」，就是「脆弱的」、「柔軟的」，你只要對自我袒露與向內清理，跟自己內在連結，經過耐心、關心與愛心，你內在原來就有的很多靈性神聖的光，便會釋放出來。

如歐巴馬跟拜登共事 8 年，這個共事其實也是最難的功課。歐巴馬除了稱讚拜登是他的好兄弟之外，當他多次遇到有挑戰的抉擇需要做決定的時候，他都會跟拜登互相討論；歐巴馬發現拜登從小家裡很窮，生命經過了很多的挫折挑戰，他看到拜登的內涵很值得尊敬的人品，他對自己的角色和對美國政治可以有什麼貢獻，他都會完全提出來，所以他這 8 年的輔佐，帶很許多幫助和信任。我們也可以看到美國前幾任的總統柯林頓，還有 95 歲的卡特也出來幫拜登做見證，他們都說拜登的人品是「很有自我尊嚴」，也懂得與人連結，面對人脆弱生命的創傷，因為拜登自己都經歷過，所以他的這些連結非常深刻。

我們雖然看到在去年一整年，川普的這些問題，除了他的表達風格大家一般受不了之外，當還沒有發現任何的危機，2019 年的就業率也不錯，股票一起上漲；2020 年 3 月 12 日開始出狀況的時候，經濟下滑，整個失業人口衝上千萬，都是因為川普過分自信，新冠肺炎他沒有應對的措施，後來甚至甩鍋，他最有名的就是對自己所做的事情不負責任，還專門卸責。當全世界的人都看到他這一面，也因為股票受新冠肺炎影響，3 月 10 幾日以後一下跌了很多，美國到現在為止，死於新冠肺炎的人數已超過 20 萬人，失業的人口上千萬，前兩天還看到他們饑餓的人口有 5000 萬，好可怕！這就是一個領導人真的失職，對國家的影響很可怕，也看到美國股票 84%的來源，投資股票的人實乃來自於美國頂尖的 10%的富人手上，所以股票上漲或下跌，84%股票真正的投資人只占美國 10%的頂尖富人。我們再看一下川普的個性，我提到，在 PDP 的裡面他是強度非常強烈的老虎型特質，占人口比例大概只有 5%，還超過了此強度，所以他的個性是大開大合；另外他投資事業的錢基本是來自於他爸爸，因為是地產開發商，他蓋了幾棟房子，不是他擁有，真正投資的錢所占比例也不多，可是大樓頂都寫著「川普」，給人感覺就是非常大，事實上他在企業的格局中還沒有建立制度，都是他說了算。他的事業也失敗了非常多次，所以他不願意讓別人看他繳稅的情況，他每次虧本都是運用國家的錢，用州政府的錢再起來，他只有做幾個比較大的酒店，因此讓人有一個錯覺，認為他是美國頂尖的、很有成就的億萬富翁，會把美國經濟帶起來，不會有一大堆政治面的官僚氣息，也看到他剛當總統的時候，好多內閣大臣都願意為美國國家做事，都是億萬富翁，他們的事業實力其實還比川普大很多，且都是大企業，他們的公司已建立了三塊很重要的機制，即：有財務、有審核、有法務，三塊鼎立。而川普的個性接受不了任何人的審核，他的情緒張力強度非常大，格局還停在一個人的公司，才 3 年多，川普就能夠把美國兩百多年的民主機制、把共和黨變成幾乎是他一人的黨，變成如此的專斷。

相反的，他的對手拜登，是 30 歲宣誓，在 29 歲這一年就選上參議員，且當時乃是美國第二年輕的參議員；但選上後隔沒 1、2 個月，在聖誕節時，他的老婆、還在嬰兒時期的女兒，及兩個兒子車禍，老婆跟女兒當場死亡，兩個兒子都是重傷，所以他當時非常的掙扎，人生第一次在親密關係與親子關係都遇到如此重大的挑戰。當然在此之前，他從小家裡就非常窮，他爸爸說：男人不怕失敗，而是看他在失敗中怎麼去超越，怎麼去面對挑戰？這非常重要。所以他最後才做出決定：還是就任參議員，且宣誓的時候是在醫院裡面，在兩個重傷的兒子病床前宣誓，從此他每天通車單程一個半小時到華盛頓工作，每天幾乎要三個小時來回；這是做爸爸的對親子關係的承諾，去和小孩子建立親子關係。另外，此次乃是他政治職涯的最大危機，民主黨投票讓他代表該黨面對挑戰，他說要把美國的立國精神重建起來，恢復美國最重要的民主立國精神，像美國最偉大的總統林肯一樣，人生而平等，民有、民治、民享，也是民主最重要的一個機制。他要恢復這個精神。

在川普時期，這精神幾乎已破裂了、瓦解了，整個國家分裂，也因為新冠肺炎這件事情，川普沒有即時面對，且過分的自信，又不相信科學數據，甚至不相信醫療的專家，所以讓問題變成如此嚴重的傷害！另外最重要的，乃是《華盛頓郵報》最有名的記者「伍華德」，也就是以前尼克森水門案的揭露記者，伍華德談到 2020 年 2 月 7 日訪問川普，他有錄音，所以在電視上看到與聽到的訪問錄音很清楚，川普對伍華德直講：他知道新冠肺炎比流感還更嚴重，非常可怕。所以我們看到川普他那一招招都是甩鍋，動不動就說只是假新聞。

拜登最重要的訊息乃是，共和黨以前最有名的是小羅斯福，在二次大戰還有以前經濟蕭條的時候，共和黨透過大政府政策，以極大的預算來快速振興，整個速度與整個自助層面比川普還大，來拯救原來的救濟，所有失業的、饑餓的、還有生病的，錢立刻一筆一筆撥下來，還規劃很多研發的預算，基本上他是重建美國，最重要的研發科技這塊撥了很多的預算。另外再與美國原來的盟友們結合起來，美國的秩序和全世界的政治經濟、軍事外交還有科技的秩序，用一個中長程的穩定規劃，把它擺正回來，回到多邊主義。不像川普，他乃是各個擊破，單邊的一對一把歐盟每個國家，甚至包括日本，都被他一對一的分化，還有汙辱各國的領袖，對中國也是一樣，這與拜登是很大的對比。

一是川普的人格個性面，另一個是拜登的人格個性面，拜登是孔雀型和無尾熊型的指標特質都非常近，所以他懂得激勵人，因為這兩種型是人和最好的；激勵人，也會支持人，還有非常善於和別人配合、合作，會注重中長程期的發展，基本上是將希望帶給人們，且是比較快樂的喜感；當然因為他無尾熊型的特質很溫和，又在這二分之一整合型的變色龍邊界，他最低的特質是老虎型個性的相反，所以他做人比較溫和，不喜歡衝突，也不喜歡激烈的吵架，他不喜歡用這種方式；他的貓頭鷹指數在整合型的最低指標，所以他滿宏觀的，宏觀注重看大方向，且是看中長程的大方向，他為人溫和，比較是鴿派中間派，因此他在參議院的人和非常好，也是參議院最有名的「喬王」。

拜登是溫和中間派，不會一下子出狀況，他和共和黨的很多人都是很好的朋友，像已過世的麥肯，就是那位和小布希競選總統的麥肯，他是美國軍人最尊重的、榮譽最高的人，拜登在麥肯的葬禮也讚美他做了很多很棒的行為，榮耀麥肯的一生，於是麥肯的老婆也幫拜登做見證，他們已有 40 年的友誼，你可以看到拜登很生活化，也因為他很中間溫和，所以不容易搞僵局；剛好川普的缺點就是拜登的優點，所以他現在要重建更美好的美國，重建美國立國精神的民主制度，在川普這 3 年多來，把美國建國的民主制度、很多全世界最可貴的民主典範打破以後——拜登要把它重建回來，對美國的內政，以此為第一優先。

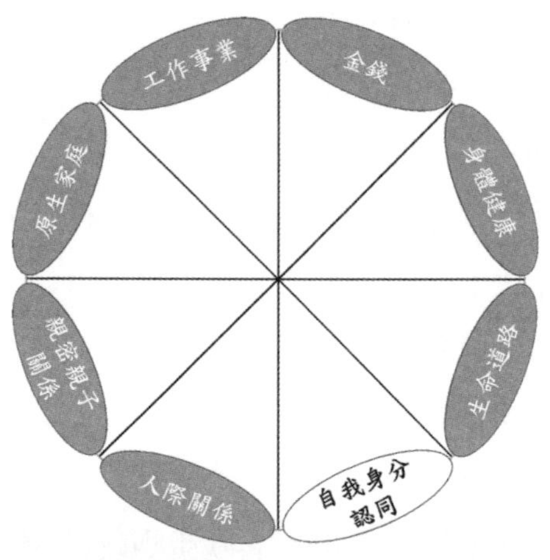

拜登的自我身分認同：「將光帶給美國人民」

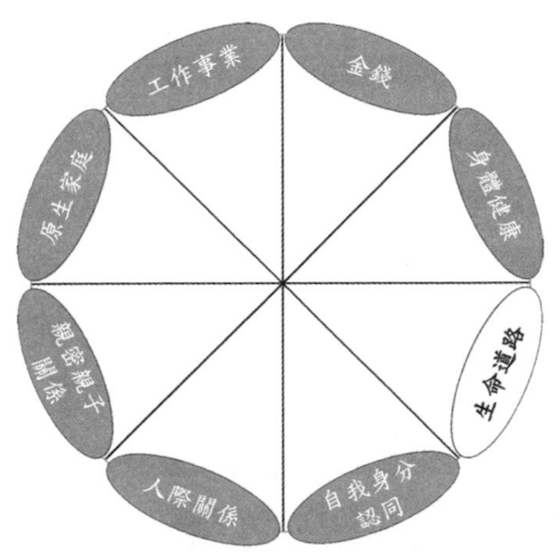

拜登的生命道路：重建美國的立國精神（林肯精神）

拜登當了 30 幾年的參議員，也做過司法主席，在參議院內做過外交主席，他大學學的是政治跟歷史，又念了法學的博士，在大學教憲法，所以對美國的憲法立國的精神，本身就非常瞭解、生活化，甚至於在從政的舞台都能夠把這塊落實，除了他的個性面，他在 1988 年第一次出來選總統，沒有選上，那時候老布希選贏了；第二次是 2008 年，結果歐巴馬勝選後讓他做了 8 年的副總統。因為他在司法及外交上擁有 30 幾年的實務，剛好完全可以補足歐巴馬在這部分的歷練不熟，雖然歐巴馬是哈佛大學法學院最資優的學生，所以拜登又有 8 年來落實外交，也就是他做出生活化／工作化，他的個性特質之外，還有決策特質：差不多是一格半多的感覺型，所以他對人滿敏感的。他的能量風格是一格半開拓型，有開拓性，因此到今天他已經是第三次宣佈選總統，他的能量水平約 6.5 左右，比川普低一點，川普是在 7 的超強位置，所以每天幾乎都不休息，都在搞推特，但是川普的情緒很不穩，幾乎每天都讓美國活在戲劇性當中。

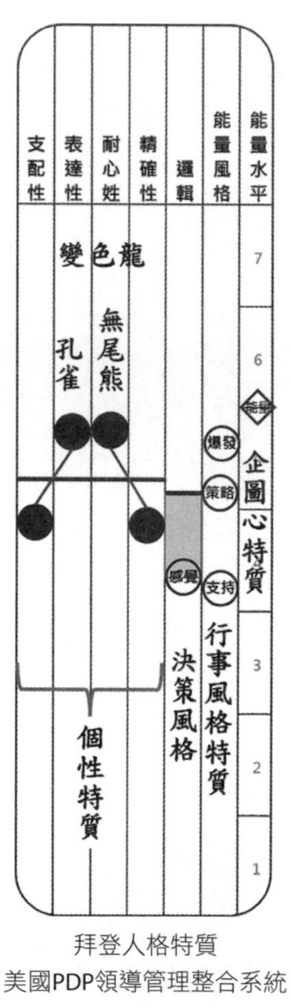

拜登人格特質
美國PDP領導管理整合系統

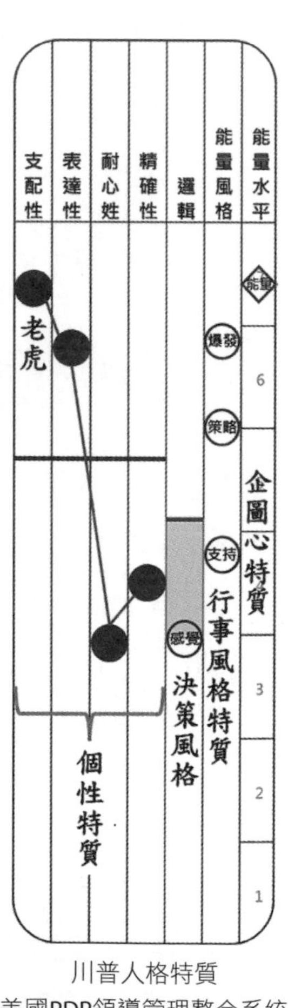

川普人格特質
美國PDP領導管理整合系統

因為川普在娛樂界打滾多年，還主辦競選美國小姐的活動與搞了 10 幾年的摔角，做的事基本上都比較膚淺，上述這些娛樂，雖然知道怎麼樣和大眾對話，引起注意，但是美國政治家該有的一個宏觀、世界觀、中長程戰略，他完全沒有，只是順著自己每天的情緒去講話，所以他雖然是 7 格的超高能量，負面殺傷力也非常可怕！

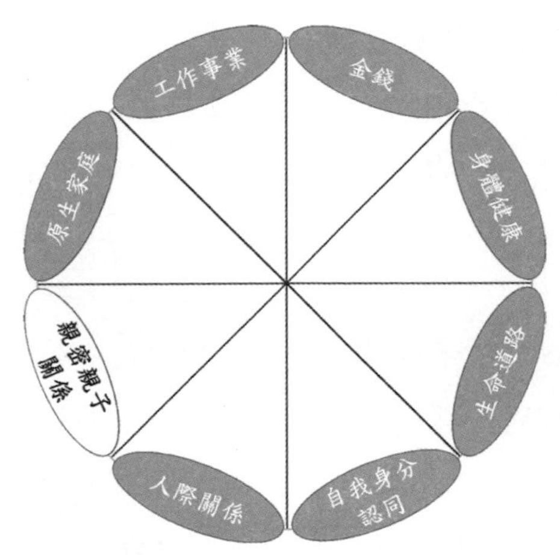

川普的生命教練圖缺口：

此不及格，結婚三次

他說自己最重視：物質、金錢與美女

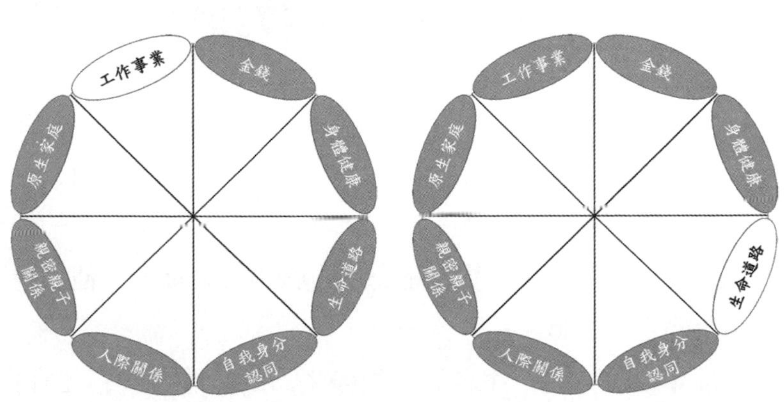

川普的生命教練圖，檢驗其個人事業與美國總統的職責：

經營失敗好幾次，「稅」不肯揭露

誠信不足，破壞美國民主制度

只允許川普一人的政黨

美國優先：乃是偏頗的，只重視頂尖白人富有 10%人口與最底層失業的白人；其實得應包括占社會底層 27%人口的有色人種

拜登大概是 6 的中間，能量 6.5 左右位置，比較聚焦在他要的整體戰略，拜登的能量水平也算是滿強的，我看到最近《華盛頓郵報》指出，他們只花 1 個月的時間，就發覺川普說謊話的習慣很嚴重，他們又花了 3 年半的時間來瞭解，發覺川普平均 3 年多說謊 2 萬多次，平均每天 32 次，就在這幾個月裡全部出現。《華盛頓郵報》揭露水門案件最有名的記者伍華德，剛好在 2020 年的 2 月 7 日訪問了川普，他出了一本新書《憤怒》，他說川普 2 月 7 日就知道，新冠肺炎會危害美國老百姓生命，遠比流感還嚴重可怕，殺傷力這麼強！一個總統第一任務乃是要保護老百姓的生命，川普連這一塊都忽視不去做，伍華德說：川普一直在說謊，還說是因為要激勵老百姓！他根本沒有面對，也不戴口罩，還一天到晚在推廣奎寧，川普實在是一個失職的美國總統。他的職務角色簡直「失職又不可信任」。

拜登過去的這一生經過了很多生命的挑戰，包括 2015

年他的兒子得腦癌去世，他怎麼走過這個過程，我們看看他的老婆，在私領域親子關係和親密關係，看到的是最真的他，由於他自己生命經歷過這些，拜登宣誓，這段期間川普帶來了民主的黑暗時期，而他要把光帶出來，拜登在自己的生命最痛苦、打擊挑戰最大的時候，他跟自己內在的脆弱連結，所以他與人的信任和連結力是最強的，拜登說他可以給出「連結」，其實就是連結與接受創傷脆弱面，而後釋放出內在神聖的一面，「連結」乃是跟人內在的、神聖的、聖靈的這一塊連結，才會有內在的力量，才會釋放你的脆弱，釋放你的害怕和柔軟的人性，你才會釋放出內在的光，才能與人「真正的連結」。

拜登的生命當然都走過這些，所以他要恢復美國民主的精神，承諾要帶美國走出這個危機，在黑暗中給出光！截至 2020 年 8 月底的時候，美國就已有 5000 多萬的人失業，六分之一的企業倒閉，川普減稅都是為了最富有頂尖的 5%人口，拜登反過來要對富人抽稅，還有對科技業的，不管是 Facebook 還是其他公司，要調查他們「有沒有違反托拉斯（商業信託的壟斷）」？他投入研究，並用最快的速度，撥最大的預算，來幫助所有的中層、基層及最底層的人，不管黑人白人通通都要照顧到。就像小羅斯福講的：讓他們沒有擔心饑餓的權利，只有回到「身而為人的尊嚴」。

週末剛好看到美國奈伊博士——也就是專門研究領袖訓練，世界政治經濟領袖的甘迺迪學院院長，他也做過副國務卿這些實務工作。在柯林頓時期他最有名的是講「軟實力

（Soft Power）」，他說：一個國家的領袖、領導人，對他而言，道德選擇是最重要的。還有美國大學也做調研，認為目前美國最末段班、最爛的一位總統就是川普，評論即是基於他的人格面還有領導力。因為川普說那麼多謊言，民無信不立，怎麼會得到老百姓的信任？這種領導人不負責任，甩鍋後自我感良好，居然稱新冠肺炎在美國「只有」20 萬人死亡，他本來以為是 250 萬人會死亡，所以他給自己打了滿分 10 分，這實在很狂妄，自我感覺良好到無以復加！他說自己是 10 分，成績是 A+++，沒有看過哪個領導人，在面對這樣的衝擊、這麼多人死了、這麼多人失業，不但一點同理心都沒有，還這麼狂妄！

奈伊博士所講的軟實力就非常重要，在這個時候要放眼全球，剛好這也是拜登談到的：美國與歐盟是原來的好朋友，他要彼此連結，不要全部被川普破壞！包括「WHO」，還有新冠肺炎、健保保險，全球的氣象、氣候、地球的暖化，他要回到《巴黎協定》去談。由於我們看到全球各處是天災人禍，大陸也有水災，美國東部和西部不是淹水就是大火，其實這些，柯林頓和歐巴馬都有簽署《巴黎協定》，到了川普又否認，如果整個地球暖化沒有處理好，新冠肺炎一旦開學後恐怕又會疾速增加案例，沒有去面對、沒有去處理疫苗的研發等等，大家就會生活在危機裡面。川普就是玩零和遊戲，否定這些，但沒有什麼零和遊戲；拜登則是以整個地球，還有美國民主精神的重建為重，還要將內部資源和外部資源再重新整合，這正好都是他的整合型強項。

我們看到美國真正崛起，其實是在二次大戰的時候，小羅斯福因為在歐洲，日本蘇俄都在打仗，美國就專門供應軍火，因此賺了很多錢，非常非常多的錢，於是經歷二次大戰，美國就變成全世界第一，政治經濟軍事各方面都是，在這個時候，小羅斯福總統就透過《馬歇爾計畫》來幫助歐洲重建、幫助日本重建，所以小羅斯福總統主政下的美國，在當時完全是採雙贏的方式。

另一方面川普卻是完全的「我贏你輸」，這是分化，所以拜登要回過頭來，要讓整個地球有正面可以走的機會，從很良性的角度出發，而歐盟和中國開會的時候，歐盟也產生危機意識，他們想通了，就對習近平說：你對川普所答應的東西，我們歐盟也要。這形成一個等邊三角形，如果是拜登當選美國總統，歐盟就會跟拜登連結、跟美國連結，我們歐盟要確定你們的科技遊戲，你們所有的遊戲，在世界的遊戲規則之內就等於一個平衡與制衡；另外在人權方面，不管是香港或是新疆，歐洲和拜登要等擬定了遊戲規則他們才做，他們不會和川普一樣，好像我認為你是什麼樣你就是什麼樣，沒有任何證據，川普採取完全分化，零和遊戲的戲劇性情緒！拜登和歐盟處理不會是這個樣子，整個世界的危機至少會有機會平復一些。

9 月 24 日，川普居然表示如果拜登選上總統，他將會拒絕和平轉移政權，理由是他是現任的總統，他有權力下達這個行政命令，不准拜登當選，他說因為拜登是「Stupid

（笨蛋）」。老虎型的口頭禪最喜歡說別人是笨蛋，他第一個把笨蛋的帽子扔給拜登。當時美國的一位大法官，代表自由主義的金斯伯格去世了，她去世後，川普更加沒有民主精神，而且更加破壞民主法治。

當然我們也知道，最危險的時候也是機會最多的時候，我們看到川普所有破壞民主制度的嘴臉，美國社會暴動，連續幾個月發生黑人受到警察不公平的待遇，又看到各州因社交媒體引起了很多的暴動、暴亂、撕裂，社會充斥窮困、失業、暴動，甚至於連黑人或非裔的美國人，都建立了民兵自衛隊要自我保護，因為民主黨目前沒有政治權力，他們沒有被保護的安全感，美國人持有的手槍數有 4 億多，很多令人緊急危機還有分裂，隨時可能發生，這都會影響全世界；而川普與中國之間造成很多的緊張狀況，對我們台灣也好不到哪裡去。然而最危險的時候，只要有人不放棄，同時也是迎來最大機會的時候！

後記：

拜登當選後，對美國國內乃完全照他選前的宣示陸續落實中，如：全民打疫苗、救濟失業人口、擴大基礎建設、擴大科技業的國力投資、再加入 WHO 及《巴黎協定》……等。不過內部槍枝太氾濫，經川普 4 年的煽動，黑人及亞裔被殺的社會內亂擴大，此處拜登仍有很多的工作待辦；對外交，要落實多邊歐洲、英國、 日、韓、澳……但這幾個月來反而對中國採取更強硬態度，有系統的聯合北約，超過川普的單邊「抗中」，更深深想藉由多國聯歐政策，來維持其二戰後美國在世界第一位領導地位的全球政策！其實目前在美國，如何落實民主「平等」的社會主義，與中國近 40 多年改革以後推行的「中國式的社會主義」，乃是「社會主義」不同面貌的表述；目前在經濟上，全球 100 多國的第一大貿易國都是「中國」的現實面，如德國與日本的第一大貿易國，均是中國。

拜登本身對美國的內政，有更多要用心的，如：在社會上，黑人與亞裔被刺殺的暴力未撫平，民主制度因川普的破壞，拜登承諾要重建美國的「林肯精神」再扎根，也就是對世界證明其真正領導的精髓乃在落實民主典範的時候，尤其約半數票投川普的選民，及川普在美國本地的分化未止，拜登如何落實將光帶入黑暗，還有更大的希望工程待他重建承諾，而不是自己也掉入害怕被世界第二名趕上的窠臼，激起不必要的戰爭危機。

川普繼 2021 年元月 5 日，經其煽動引起的「參議院暴動」，至今因參議院共和黨的影響力，居然還在陸續鼓吹川普的個人色彩，控制共和黨的大多數，違背美國兩百年來的民主精神與機制，禁不起人性的脆弱面，如此一個內政大洞的挑戰，此時此刻仍然存在。

在二校稿期間，剛好發生美國由阿富汗快速撤軍，且因阿富汗政府軍無任何抵抗，導致塔利班才一週多即占領全國的混亂，以及美國國內挑戰拜登是否已有失憶症的前兆，他的領導力爭議危機四起，尤其在他最擅長的外交領域跌了一大跤，也讓他就職以來所有全球多邊外交的成績單一下子徒勞無功。

回顧拜登掌權就任美國總統後，太過於將美國的資源專注在抗中，急於繼川普四年造勢占美國近一半的共和黨壓力，害怕中國老二趕上美國老大、畏懼失去形象的氛圍，還將其視為對外第一優先的軍事競賽，將此視為掌權後的挑戰，然而事實上，中國對外乃已有40年和平無戰爭，其與美國第一名還有很多年國家總體競爭優勢的差距；拜登當總統職務角色的人性挑戰。但拜登人格面的特性是老虎指標最低的變色龍整合型，反而都是運用其「個性的缺點」在軍事上，包含「阿富汗撤軍」與「集中資源和中國戰鬥」都不是拜登的長項；此次的徒勞無功及阿富汗撤軍的危機乃給拜登很重要的警訊。

反而更是要聚焦在拜登回到他的選舉承諾——重建美國的「林肯精神」，落實美國的民主制度典範時刻，集中處理2021年元月5日亂民攻入參議院的徹底調查，找出真相並帶給美國人民在國內種族平等的社會安定及對民主的希望。此乃運用拜登本質內在領導力多年修煉後的優點，也是他承諾的初衷。

主宰世界經濟的兩大關鍵人物其領導力如何影響著全球趨勢：川普與安倍晉三（上）

（【YouTube】Marie 老師主講日期：2020 年 4 月 14 日）

美國總統川普，他有幾個特色，首先，他是 2020 年當時年齡最大的美國總統，比雷根總統還要大幾個月。其次，他的口號是：「讓美國再次偉大」。他有兩個策略，第一個，讓高收入的美國白人可以「節稅」；第二個，讓美國的失業人口、汽車工業、最底層的白人農夫「有工作可以做」。

1. 柯林頓和歐巴馬總統時期，由於美國全球化，工作移到海外，所以美國白人很多人都失業，而川普沒有當過任何美國軍人或政府的管理職，當時年齡也最大，一輩子做生意，且有 11 年經營大眾電視娛樂節「誰是接班人」，沒想到由他這樣的人選上總統。

2. 在新冠肺炎還沒有爆發以前，川普在美國總統任內 2016 年到 2020 年 3 月 12 日以前，股票都一直上漲、失業率最低，這是他當時的成績，美國已經落實民主制度兩百多年，川普也敢在他的任內「變成一人之黨」，也就是所有的參議院及眾議院共和黨都要聽命於他一個人，川普的個性特質又非常強烈，我們待會再來描述。

3. 川普是美國第 5 位選票人數不夠而仍當選總統的，當他面臨歷史上從未發生的新冠肺炎全球化時，他已失去了美國最重要的 6 州，美國目前是全球確診人數最多，確診人數在 2020 年 4 月 14 日已經超過 58 萬，死亡人數也是全球最多，而美國雖已民主化這麼久，有那麼多制度可以平衡，但在此之前連續 1 年多，共和黨早已變成他一人之黨，他是共和黨的領袖，也是美國近代史裡面最糟糕的治理者，他在 2020 年 3 月 13 日宣佈「緊急狀況」，而 2020 年 3 月 13 日到 4 月 5 日，川普的支持率還在 47.7%，

4. 這顯示了人性，當一個國家發生危機，老百姓還是希望支持現有的總統，我們看看每一州，7 天的時間內，紐約州死亡人數最高，在川普的任內，因為紐約州和加州不是川普得票率最高的州，而是民主黨得票選區，所以川普有理由這麼輕忽以及泛政治化，反變成最糟糕的管理，他又不相信科學與專家的建言，由於過分的自信，創造歷史最大規模的紓困案，所以在 2020 年 4 月 10 日之前，有超過 1000 萬的人申請紓困金，目前這個數字還持續成長中，我們看到川普任內，原本股票一直上漲，就業率最高且失業率最低，但在短暫的幾個月間就完全翻轉過來——失業率最高、申請紓困金最高。

5. 我們從這裡來探討他的人格特質：當全世界都從「武漢病毒」改稱「新冠病毒」，由於在任期內，川普很習慣把任何錯誤都扔給別人，堅持就是要稱武漢病毒，即使所有的專家都建議不要歧視、不談人種，他就是不改，也拒絕戴口罩，這麼極端的個性，有一句成語可以形容──「成也蕭何，敗也蕭何」，原來支持他的人，因為川普有 twitter，又有福斯電視台支持他，還有川普自己 11 年以上的電視節目經營經驗（節目名稱：you are fired！誰是接班人）。

6. 川普知道怎麼對大眾和媒體說話，他有很多非常極端的行為，當景氣很好、就業率很高時，大家對他的言行都能接受。二次世界大戰結束是 1945 年，當時小羅斯福總統任內，美國已經是全世界經濟最大的國家，二次世界大戰以後，美國就成為全世界經濟最大的國家，直到現在，「而一直習以為是全球唯一領導地位。」

7. 剛好川普是 1946 年出生，到現在已經 70 幾年，二戰後 70 幾年來到現在，從來沒有發生全世界、全球人類幾乎都感染的新冠肺炎危機，所以在這個危機的管理上，就和一個人平常的領導力非常有關係。他過去怎麼建立團隊？通常是他一個人說了算，而且他還是美國兩百多年民主架構的挑戰者，這不僅對他、對我們全球人而言，都是一個很大的功課，我們現在要更多的瞭解他更內在的部分。

8. 我剛剛採用心理科學來分析他的個性特質，美國 PDP 有近兩千萬的數據庫，還有大中華使用近一百萬的數據庫；另外我由生命教練角度來檢視，根據每個人都有的靈性本質，包括從他的原生家庭、親密關係、事業、金錢、生命的道路、我是誰？他真正想給美國的是什麼？一個是他自己，一個是給美國，真的如他的口號所說，要讓美國更偉大嗎？現來檢視他「內在世界的呈現」。我們中國人常常說「江山易改本性難移」，要先瞭解他的人格特質，過去 30 年我已經在大中華地區做了研究，有大數據庫為依據。

9. 川普是在 3 年多前當選，是非典型的政治人物，剛好他的個性是老虎型，所以基本上是「目的導向」，但是他第二高分的特質是孔雀，因此他的說服力很強，川普最大的特色是在他一生中，家人都非常支持他，他一開始跟著爸爸做生意，後來擁有自己的公司，這是他一生中賺錢的來源；另外一面，他的個性非常傳統，非常強烈，已經是不是普通的老虎型，由於他的個性特質強度大概在人口強度的 2～5%，所以他自認為是唯一權威，很敢冒險，他做的任何不動產都是巨型的，且都有很大的風險，他的每個招牌都在強調他的權威跟專業，而他的孔雀特質雖然沒有老虎型那麼強烈，但只要目標確定後，他的說服力非常強，所以很多事業雖然他投資的股份不多，但是每個招牌一定要用他的名字。PDP 問卷和你的個性、習性都有關係，川普的個性是一定要在公司的領導位置，他又能說服很多銀行家投資，當他的事業失敗的時候，都是由當地州政府買單，他就再創一個新事業，這是他創新事業的模式，他很敢冒險和逆向思考，因為個性的強度很大，可以講出一般人想不到的角度，且他對於賺錢達到目的很有一套，組織與動員力很強，知道如何找各種資源，包括銀行家和投資者，說服這些人來做他自己想做的。

10.此外，他很果斷勇敢，我看他的最低指標，是很沒有耐性，他的整體實戰氛圍很強，也會抓得很犀利，他的精確度比耐心性高一點，很會計算風險，且直覺力很敏銳，他不 follow 別人，雖然是自己的公司，但又是家族企業，他完全是「個體導向」，因他要的乃是「個人的事業」。

11.我們可以看到他的「能量風格」在 PDP 系統特質上，是非常強烈的「開拓型」，他的「爆發力」指標非常高，而他的常態事務性特質支持力非常低，他的謀略指標規劃力跟他的爆發力特質至少差兩格，他有一個非常大的優點，乃是宏觀戰略，完全以總目標為準，跟他談判的人，只要他有在現場，他會把他的內在資源，過去所有的經驗全部用上，他現在雖然 70 幾歲，但他每天工作時間很長，從過去到現在，每天的精力能量都超高，能量水平在 7 的區域，只要他想做的，通通可以完成。

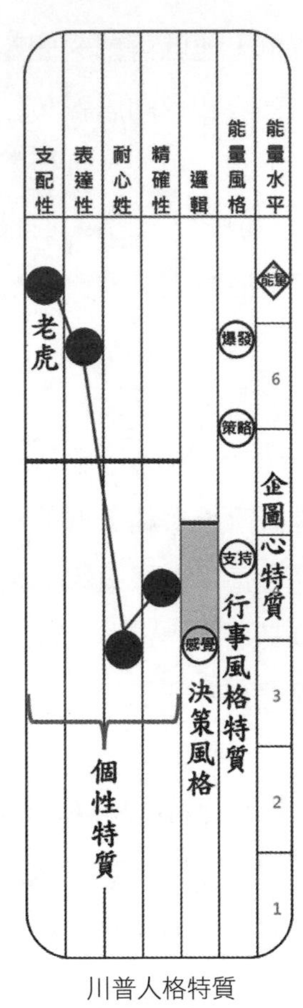

川普人格特質
美國PDP領導管理整合系統

12. 川普強烈的個性，台灣不管由誰當總統，對他來說都只是他全球非常小的一個筆尖的部分，他非常固執，總戰略對外都說是美國第一優先。他跟中國的矛盾就是中美貿易差太多，因為中國現在已經是全世界第二大經濟國，他希望中國不要用第三世界國家來享受優惠，他希望中國應該要公平貿易，所以他的重點是讓美國更強大，從生命教練的觀點來看，要讓美國再偉大，讓他自己和事業的格局走到下一波，就是要動用美國各種資源，不管是貿易、經濟，各種產業鏈都在他的願景之下，當成總目標來執行。

續：

在現今美國總統「拜登與川普：內在領導力比較」（【YouTube】2020 年 9 月 29 日）

主宰世界經濟命脈的兩大關鍵領袖性格特質：川普與安倍晉三（下）

（【YouTube】Marie 老師主講日期：2020 年 6 月 9 日）

世界第三大經濟國日本首相安倍晉三的領導風格是什麼？

安倍晉三出生滿特別的，他的外祖父就是日本的首相，他的外叔公也是日本的首相，安倍本身也是日本的首相。

由於台灣受日本很多影響，從維基百科的資料可以看到，安倍晉三在 3 歲的時候，就陪外祖父去訪問印度，他才 3 歲，對他來說印象深刻。

1. 他啟動了中日韓三個國家，一定要建立共同的經濟效益，經濟合作很重要，他說中日韓人口占全世界 21%，經濟已經占了全世界 24%，幾乎四分之一，滿大的。這三個國家，如何共同去面對世界的不確定性、不穩定性，這三個國家人口老化問題也滿大的，還有環境保護的挑戰非常大，如何讓這三個國家聯合起來對世界更有貢獻？

2. 我們可以看到他都會創造很新鮮美好的口號，這是他的特長，他在 52 歲擔任日本首相的時候，他希望讓日本恢復「成為一個美麗的國家」，聽起來很浪漫；58 歲他第二次回鍋擔任日本首相，這次他就很務實，講經濟，不到第二年他的新口號就是「射出三支箭」，希望日本由泡沫經濟中重生，也給年輕人「希望和願景」，他的老虎與孔雀指標都很高，他的精確度指標在中線以下，因為他個人比較強的是在外交方面，他找的內閣人選直到現在都是比較引起爭議的部分。

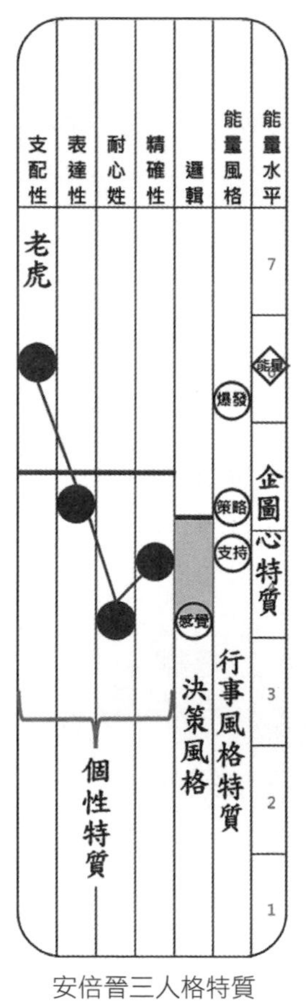

安倍晉三人格特質
美國PDP領導管理整合系統

他的決策思維是感覺型，當機立斷，例如：他是全世界第一個跑去祝賀美國川普總統的領袖，而他的能量風格，開拓力跟川普比起來又少太多，雖然他現在 60 幾歲了，但他的能量風格一樣是 6～7 之間，算是高能量、高精力、高標準、高企圖心，他內心要的東西，不會放棄，因為他瞭解全世界的局勢，會比較務實，就像他想改變憲法，讓日本有自己的軍事主權，恢復二戰以後的這些包袱，他認為對日本來說是一個侷限，不是一個正常的國家。且他對二戰並不像德國一樣，認為真正值得道歉，所以他對戰敗國的定義很質疑，他有些雙面，另一方面又不斷道歉，這是他個性的特色。

3. 從維基百科也可以看到他外叔公的特色，外叔公是入贅佐藤家，其實他們家族不管是外叔公、外祖父或他，包括他的爸爸在擔任外交大臣的時候，都還要被檢驗是不是有戰犯的紀錄，這是他們家族的功課，佐藤在擔任首相的時候，居然還得到諾貝爾和平獎，這很特別，因為他那時候給過美國書面承諾反核子，不要再恢覆核子；佐藤外叔公擔任首相時的經濟也是日本最強，1964～1972 年還從世界第三變成世界第二經濟大國，趕上德國（德國當時就變成第三經濟大國），日本的人口有 1 億多，遙遙領先德國幾千萬人口。

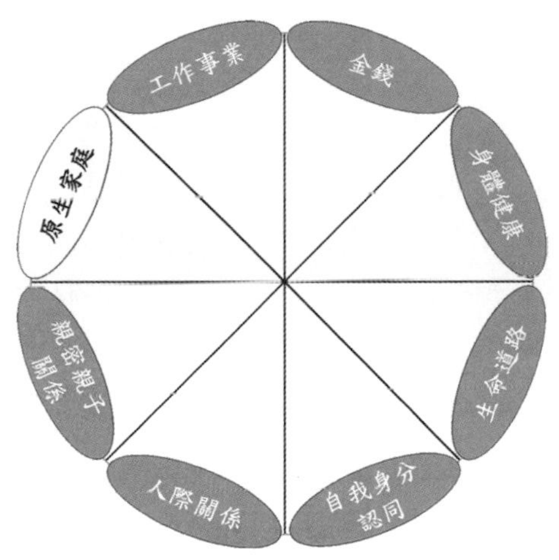

4. 在他 2018 年擔任首相時，他對中國宣佈：戰後鄧小平 1979 年剛上台的時候，大陸還很窮，才正要發展經濟，日本一共捐款捐了 40 年，直到 2018 年，現在中國已經成為世界經濟第二大國，所以這個資助要停止。日本一共支援中國 3 兆日圓，等於對中國整個經濟發展有滿大的貢獻。在

2018 年安倍執政的時候，中國大陸成為第二經濟大國，日本是第三經濟大國，所以安倍就跟習近平說：我們由 1979 年鄧小平在的時候，為促進你們的發展支援了不少錢，已經 40 年了，你們現在也成為第二大經濟國，格局不一樣了，所以我們的支援就此停止，一共支援 3 兆多，這是日本對中國經濟的貢獻。

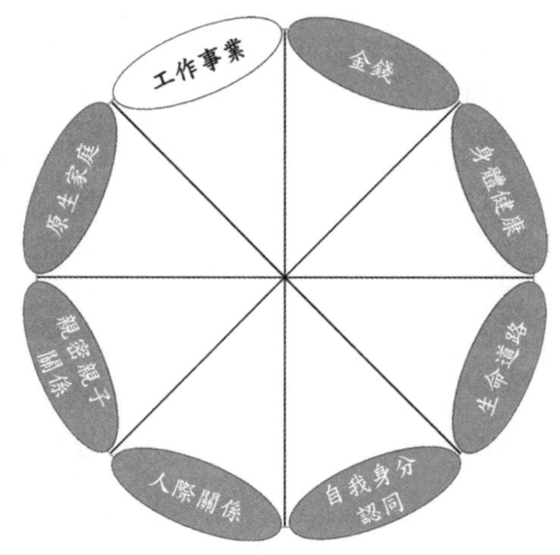

安倍晉三想在當首相時「證明自己的能力」

5. 安倍的外祖父是第二次世界大戰的戰犯，幾乎是要被絞刑的，是階下囚，因為他後來親美，且是美國人最喜愛的戰犯，才把安倍外祖父的命救回來了，而且 1957 年還成為日本首相。在日本國內，也有親中派和親美派，二次世界大戰，全世界死亡人數最多的國家是蘇俄，蘇俄正規軍死亡的有 890 萬人，加上老百姓，一共死亡 2680 萬；第二就是中國大陸，士兵死亡的有 148 萬人，其餘的包括平民、南京大屠殺和五三慘案；第三名是德國，德國士兵死傷 600 萬，比蘇俄少一點，德國在蘇德戰場戰死就有 500 萬人，還有平民 200 萬。日本在第二次世界大戰死亡人數是第 4 名，士兵死亡 190 萬人，在中國的戰場上，士兵死亡人數即有 44 萬。

爭議性很大的是安倍晉三兩次在首相的職位去拜訪靖國神社，雖然對所有的外人宣稱：「我不是去拜戰犯，我是去拜靖國神社裡面，這些對國家有貢獻的人」，他其實希望恢復日本的光榮，而不是戰犯的罪惡感，可是他同時又花了很多錢補償、道歉。

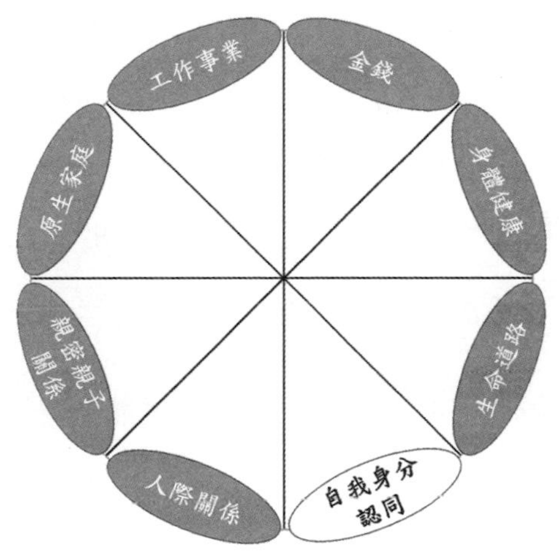

希望恢復日本二戰後的光榮，而不是戰犯的罪惡感，但安倍沒有過關

6. 我們看看同樣是 1954 年出生的德國總理，他們兩個都是同一年出生，滿巧合的，我們來看德國總理梅克爾她的生命功課，梅克爾也是老虎型，孔雀指標最低，她從小在東德長大，在共產世界裡面每個人都知道怎麼去壓抑自己的情

緒；剛好我 2013 年去過俄羅斯，俄羅斯即使到現在，俄羅斯整個民族的表達性指標還是壓得最低。梅克爾本身是學科學的，且她在東柏林長大，她從高中開始語言能力就很強，會英文、俄文、德文，又是基督教徒，且她是德國總理做得最久的。她有兩個比較戲劇性的地方：第一個就是她擔任最久的總理，在她的任內，德國經濟都非常平穩的成長，第二個是她允許難民進來，那時候她的基本精神是「遵守德國憲法」，但當時不曉得難民這麼多，對德國原有的制度挑戰很大，由於德國湧入很多難民，國內很多納粹思維的風潮又起來了，另外我們也能看到，面對這次新冠肺炎疫情，德國的規劃最強，他們對於 ICU 重症的準備特別多，所以他們對義大利、法國、西班牙提供這一區塊的協助，也是梅克爾任內落實提供。

我們現在看到日本決定今年不辦奧運，明年辦，在這麼短的、不到一個月的時間內，安倍晉三指派負責處理新冠肺炎的大臣是經濟大臣，所以大家一片譁然，覺得是找外行人來處理這個危機，現在我們就要觀察安倍晉三如何處理這次危機。這次的新冠肺炎對安倍或是川普來說，都是二次戰後 1945 年以來人類史上最大的影響。安倍想把家族恥辱、戰犯的帽子扔掉，而梅克爾這麼開闊，她從東德一路走來，到西德的政治舞台，她這一生想要貢獻給人類，這兩個政治人物的心靈本質的差別、領導的格局差得很遠。今年進入德國的難民要繳納的所得稅增加了，梅克爾的一項政治決策反是德國建設性的收入而不是經濟負擔；反觀安倍晉三禁不起「新冠肺炎」的災情嚴重衝擊日本經濟的挑戰，抱病提早辭職下台。同是老虎型的德國梅克爾及日本安倍晉三兩人，內在領導力的格局差了一大層次。

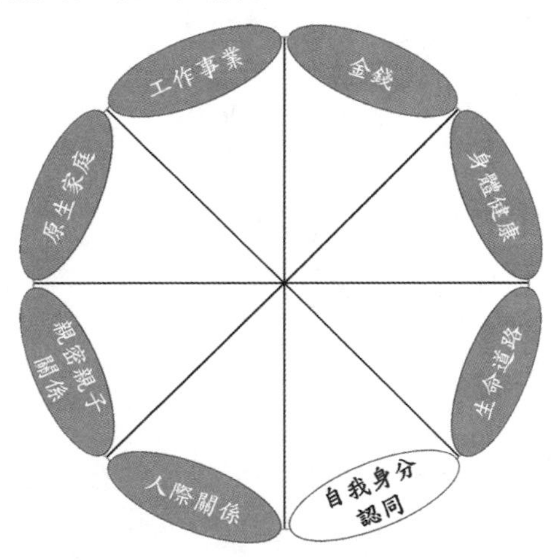

德國總理梅克爾的「自我身分認同」與「從政的生命道路」功課完全過關也是當今「內在領導力：政治領袖的典範代表」

7. 安倍晉三一生的「生命試煉」：也來自其原生家庭家族，他要將家族的恥辱：戰犯的帽子扔掉，雖擁有日本一家三代首相的地位，他爸爸擔任外交大臣的時候還是得被檢驗是不是有戰犯的記錄；外祖父也是日本首相；外叔公擔任首相是日本經濟最強，且得諾貝爾和平獎，但外叔公有和外祖父乃是二戰戰犯；外叔公有書面承諾美國「反核子」。

後記：

三倍晉三這一生的「事業格局」和「原生家庭」的課題都未完成。

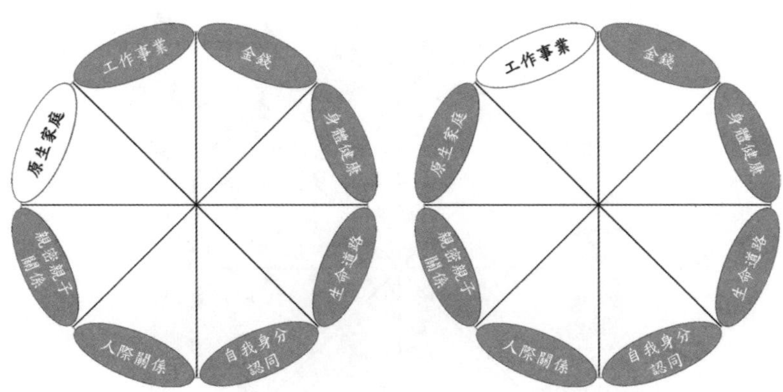

原生家族恥辱：消除戰犯罪惡感在他任內都未完成

首相任內：經濟成就也未完成

創造中國互聯網的兩匹馬（上）——馬雲成就阿里王國的關鍵成功因子

（【YouTube】Marie 老師主講日期：2020 年 2 月 25 日）

馬雲，創造中華互聯網的一個奇蹟，他的個性裡面有哪些特別的地方，可以讓事業做得這麼大？

我先談他的個性，因為我是在講 PDP 應用心理科學的領導特質，有三個面向：一個是天賦的他，他自然的本我個性；另外一個是角色的他；還有他人眼中的他。我今天就談談他的天賦特質。「天賦」是不用職業角色訓練就擁有的。

馬雲的回憶中有提到，他是 1964 年出生，1976～1977 年那時候中國還是華國鋒當政，在他 12、13 歲左右，那時已有很多飯店，有很多外國人來中國觀光，他就每天騎著腳踏車，雖然要騎很久，至少一個多小時，但他有這個心要來練習他的英文，這裡就可以看出他的自我驅動力與他的獨立自主，他初中都還沒有畢業，就跟這些老外西方人學英文，且他這樣練了 9 年，練到了 21 歲，大概是大學時代，他有決心要把英文練好，不只要把英文表達力練好，還有他的獨立自主，西方人的獨立思想跟東方人的思想是不同的，每個西方人的思想都不一樣。

在這 9 年之間，最好玩的是他說他爸爸其實英文不好，他會故意用英文跟他爸爸說話，讓他爸爸聽不懂他在說什麼，也因此他的英文講得非常好，我們可以看到他在世界的高峰會議論壇講英文講得非常流暢；沒有人教，獨立自主還建立了他的思想，和他的人生觀，他的決心。他發覺要跟不同的人互動，他學到非常大的宏觀、包容度和多樣性，包括美國人、歐洲人。西方人有美國英文、德國英文，就像在台灣我們念美式英文比較多，他往來的以美國觀光客最多；二次大戰以後美國賺了最多錢，所以觀光客比例最多的就是美國人。他對人生的大藍圖也都出來了，還有獨立思考的能力，以 PDP 來說：他是屬於老虎型。他獨立自主而且非常勇敢，又有很多創意，如何讓外國人很自然地和他說話？他沒有賣外國人什麼東西，只是免費帶外國人看杭州各種地方，我們知道杭州有廟還有湖，有很多很美的地方，是中國最美的地方，西湖也在那邊，他就用英文幫外國人導覽。

再來是他的願景，12 歲到 21 歲這 9 年，他等於各種人都看過，大大的開拓他的包容度、多樣性與他的視野，後來鄧小平從 1978 年改革開放，我記得我 1983 年去大陸，還有 1985 年也有去大陸，那時候講真的，中國算是落後的，他當時那麼有前瞻性，下了 9 年的基礎功，這裡就可出看到他的決心、意志力、企圖心，他對自己的標準很高，所以他的老虎性格顯現出來了，就是主動讓事情發生，他非常獨立自主，會找各種資源，有人、事、物的組織動員力，老虎型的優勢全部展開，另外他非常有自信，我看到他可以包容各國來觀光的人，他的第二特色指標，貓頭鷹是最低的，貓頭鷹最低乃是個性上很懂藍海策略，又非常宏觀，可以包容很大的視野，他的視野面向通通都可以打開，包容度很大；且非常慷慨，他是免費做這些導遊的工做作了 9 年，他要學習的是更大的價值，學到不同西方人的思想，因為西方人老虎型、孔雀型、貓頭鷹型、無尾熊型和變色龍型的人通通都有。

美國是孔雀型最多的民族，德國是老虎型比較多的民族，一般來說我歸類五種類型。老虎型占人口 15%，組織力很強，且會主動讓事情發生，非常有前瞻性及勇敢，思想獨立自主，逆向思考，像他跟爸爸講英文，他爸爸聽不懂，就減少糾紛，這就是老虎型的創新力。馬雲一開始去念杭州師大的時候就擔任學生主席，由於他的表達力很好，也讓他學習「組織及領導力」，因為這樣的關係，他在杭州師大唸完英文以後，由於他英文非常好，所以他不是從初中教起，他一教就教大學生，還做到班主任，他的領導力，還有全責性很強，樂當學生的教練，他後來也好為人師。因為他格局大，就像我在訪問蔣經國時代的經濟部長趙耀東，他就是從零開始建立中鋼，建立成世界級的中鋼，他退休以後離開中鋼，還希望後面的人超越他，馬雲也有這樣的思想，希望退休以後可以讓自己的創業思想傳承，從無中生有成為一個企業家，他的價值觀是希望後人不但能夠傳承他的企業家精神，還能夠超越他，這是講他的領導格局。

他的老虎型能力又增加這些。他貓頭鷹特質指標最低，意味他是看到整個大圖片、宏觀、藍海策略，他做什麼都能看到先機，他說雖然他考大學考很久，因為數學很爛，第三次才考上，接著才進入杭州師大，也提到他唸書時代因為已有 9 年免費做導遊，讓他的英文面對各種的西方人都能溝通得很清楚，獨立思想也在這個時間建立，當然因為如此他的表達力也非常豐富，所以我們可以看到他的老虎型最高、貓頭鷹最低，可以看到這 9 年，他對這件事情的投資跟投入，這也是他的願景。

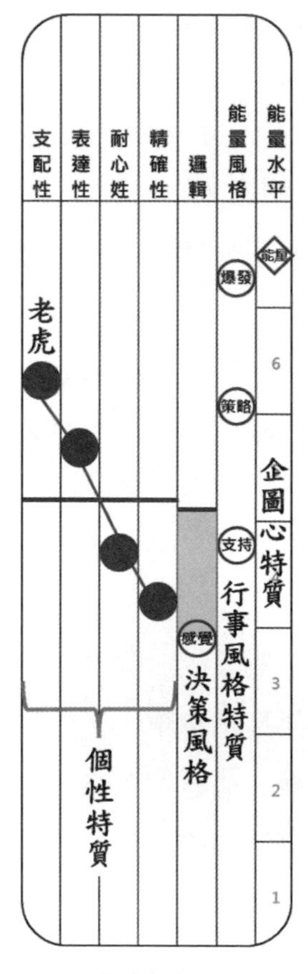

馬雲人格特質
美國PDP領導管理整合系統

最後就是他的表達力指標很強，很多人說他很會吹牛，這是因為他有此優勢，對什麼東西都很有自信，屬於老虎型的這一塊，所以當他要說服別人的時候，雖然他是在展演孔雀型特質，但他在勾勒願景的時候也非常有力量，會被大家認為在吹牛也很正常。

這 9 年讓他打下很多面向的基礎，因為他英文很好，數學很不好，所以杭州師大考非常久，他的長相也很特別，一般來說他應徵工作時的失敗率很高，一般老虎型最不肯認輸，感覺線條很強，而他的表達力很強，對他來說常常失敗反而成為他的習慣，他說要向失敗者學習，這塊反而變成他的優點。

馬雲畢業以後，他在 1995 年第二次創業，他最早的創業是翻譯社，失敗收場，後來改賣東西，賣得不錯，但他覺得賣東西不是他要的，於是重新定位，我們剛剛談到他的個性特質中，老虎型的特質最高，貓頭鷹型的特質最低，這種類型的人就是要玩藍海策略，他不是有錢就會愉快，他要定位明確及獨特性；他去美國旅行時，看到美國的大型電話本，一下就想到互聯網、電子商務，這就是他的創新，他去美國一趟回來就有這樣創新的點子，也牽涉到他的工作能量、臨場感、爆發力指標非常高；活躍指標規劃力最低，也是後勤支援事務性的特質，你看他只是去旅行一下，回來就開了電子商務的互聯網，是第一家投入此產業的，當然要花很多錢，後來這部分有點狀況。在唸書的時代，杭州師大的校長跟他說至少要教 4 年，他向校長承諾 4 年，每一年都有人給他 30 幾倍的誘惑，給他更高薪，但他都沒有離開，因為他很重視承諾。

一般開創性的人不見得有這麼重承諾，乃因為陣亡的太多，他的價值觀這一塊很強，他就這樣兢兢業業的教了 6 年，他的組織動員力，還有學生的教練這部分，全都扎實地建立起來。在互聯網行業，雖然他有 60 幾人以上的團隊，但是他在事業上和投資人有很多觀點不一樣，他就不做了，但是他強調他的職業倫理，他對他的股東說：我原來從杭州帶來的人，願意跟我回去就回去，我們在這邊投資增加的 60 幾個人的團隊我都不會碰。這就牽扯到他的職業倫理。

他的工作能力很強，雖然他考試的時候失敗，但我們也看到他從失敗中學習，他的直覺敏感度很強，個性又那麼強烈，超過一般人的格局，他的長相也很特別，有人說他長得像孫悟空，因為他常常失敗，所以他又賺到一個老虎型最難的功課，就是不願意面對自己的失敗，老虎型一般比其他 85%的人，比孔雀型、貓頭鷹型、變色龍型、無尾熊型都更勇敢，而最大的罩門就是不願意面對自己的失敗，且一旦發現高難度就會當鴕鳥，反觀他一直強調向失敗學習，他也重視承諾，這 4 年雖然一直有誘惑，但他不受影響，這也形成他的領導價值，他能夠被信任。

他在 3 年前，高峰論壇於歐洲舉辦的時候，他因為有事情不能去，就在家裡拍了一個視頻，他強調新加坡這麼小，其「專業」和「信任」卻能被世界尊重，也提到李光耀的願景，在 1975 年要求所有新加坡華人都要會說普通話。我在 1977 年第一次到新加坡時，新加坡的菁英政治很受尊重，馬雲就注意到這一塊，另外他提到「孔子的《論語》」，這些中國最有智慧的文化，其中的「吾日三省吾身」，和朋友交往有沒有盡心盡力？幫別人做的事有沒有盡忠職守？是否全心全意？和朋友交往是否守信？這都離不開誠信、信任。他在中國和全世界創辦孔子學院，都只教華語嗎？他不只教普通話，而是把孔子《論語》最重要的價值、中國古老的智慧放進來，他說得很清楚，怪不得後來支付寶的核心，他說孔子《論語》就已經有這些——「信任」，即是讓全民、讓整個社會都有信任的概念，支付寶或是銀行信用卡，銀行就是要影響社會的安全秩序，還有保險，這兩個金融業影響整個社會，一定要有「信任」制度，所以 2008 年金融危機，是英國的 AIA 沒有好好運用他們的精算師，團隊的老虎型比例太多了，容易亂賣、受到各種誘惑，包括金錢的誘惑、權力的誘惑、貪汙的誘惑。

我們說過老虎型最怕面對失敗，但馬雲從小就已經建立自己內在的價值觀——以他作為一個領導人的格局，和他每天生活在一起、關係越是密集的十八羅漢，一定越信任他，因為他能夠生活化。馬雲的生命教練八大塊，最大的資產優勢即是「我是誰」的信任價值觀的建立。

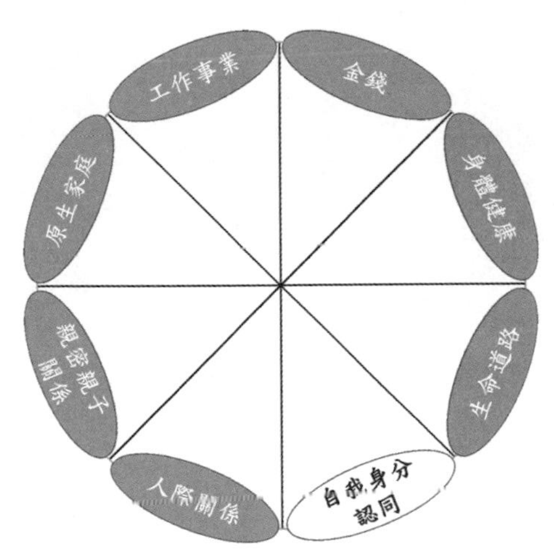

馬雲的「自我身分認同——我是誰」：
信任、價值觀的建立

另外，他的耐心，無尾熊（在大陸直譯為考拉）指標特質在中間下面一點，所以他所說的是當代獨特的。

他離開電話簿黃頁（中國黃頁）以後，1999 年成立「阿里巴巴」，2007 年在香港上市，2014 年在美國，等於是中國在美國第一家上市公司，他讓十八羅漢上台，體驗一下敲鐘，由於馬雲自己很常在國外，所以他想要讓他的團隊也體驗一下敲鐘，「阿里巴巴」的事業也像「蘋果手機」一樣影響世代，整個生活方式全都因此改變了，從此人與人無論距離都可以視訊，2014 年即展現出「阿里巴巴」能夠影響大陸所有人的生活形態。

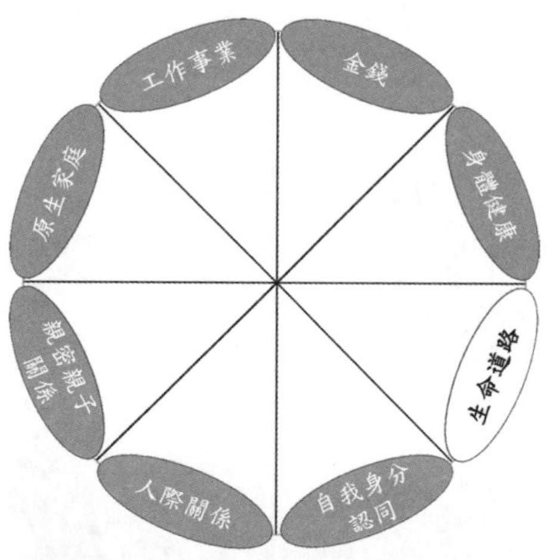

馬雲事業的格局與生命道路完全連結：要讓他的團隊真正體驗「阿里巴巴」的事業，也可影響整個世代及生活方式。

他 2019 年退休以後，又展開新的事業，即建立「雲谷學校」，從幼稚園到大學，他希望把「阿里巴巴」、馬雲的企業家精神傳承下去，也希望未來一代能夠超越他，他的第二大生命教練優勢，是阿里巴巴的生命道路與建立「雲谷學校」的教育事業，傳承馬雲的創業家精神。

最近他又去學雷門，傳統的電子商務像是沃爾瑪、星巴克，通通都學，如何讓一般零售店週一到週五都有生意，而不是只有週末兩天？如何突破？他以「雷門」的方式，已經開了幾十家店，連沃爾瑪都來參觀，生命就是換個形式，階段性退休了，又有一個新的創新舞台，教育扎根，利用創業家的精神來改革教育，把他的企業家精神助更多人成功，造就更多的馬雲。如何讓「去零售店是一個快樂的享受」？他們利用會員制，讓會員有榮譽感、安全感、時尚感和歸屬感，他發展了更多的天賦，雖然他已經 56 歲了，但當一個人不斷創新、不斷有生命力，那麼，他的生理年齡與精神年齡是不一致的。

創造中國互聯網奇蹟的兩匹馬（下）——擁有超級學習力的騰訊小馬哥馬化騰，憑什麼超過馬雲成為中國首富呢？

（【YouTube】Marie 老師主講日期：2020 年 2 月 25 日）

創造互聯網奇蹟的是馬雲先生，現在中國還有另外一匹馬，叫馬化騰，他是 QQ 之父，他創辦了很夯的微信，他的個性特質到底有哪些很特別的地方，使他可以成為中國的首富？

1. 馬化騰是 1971 出生，從大學畢業 6 年，1998 年 27 歲即創業，今年約是 49 歲。2020 年，我看到他有幾個特色，他在幫別人做事的 6 年期間，一個是軟體工程師，另外一個是通信產業，這兩個產業是他技術面的專長來源，他創業以後，有幾個核心的優勢，從他個人的自我介紹，在不同大學演講中提到：第一個是創新力很強、第二個是求變力很強、第三個則是解決問題能力很強，他是這麼談他自己的特色，並且可在跨業交叉中間找出藍海。

2. 另外，來自維基百科的介紹上，他的事業有爭議的地方，就是抄襲。他的模仿力很強，我根據這幾塊凸顯的資料做分析，因為我至少在 PDP 裡面做了近 30 年，我最喜歡一對一諮商教練；而剛好做的又都是台灣世界各產業的龍頭，還有台灣兩個科技產業的龍頭，根據這 20 幾萬的案例，再看到馬化騰的描繪，可以發現他「喜歡創新求變」，創新是老虎型最高的特質，解決問題能力很強，可以跨業交叉，舉個例子：軟體的互聯網和傳統行業，跨業交叉連結並找出藍海，這邊所說的跨業，因為他原來的經歷就是軟體工程師，又剛好做傳統行業的通信產業 BB CALL，這兩個經歷變成他創業的內在天賦資源，所以他認為他有跨業交叉的藍海；至於他的抄襲爭議，根據這裡的藍圖，他是老虎型特質最強，因為老虎型最強的就是創新力，孔雀型則是創意，而創新乃是「從沒有到有」。

我常常根據我以前輔導過 IBM 的經驗，高科技軟體產業和飛利浦的研發事業部，我都做得非常多，兩家 PDP 案例將近 1 萬份。通常像軟體工程師，創新力強的多是研發部門的老虎型，在 PDP 中老虎型的創新最厲害，老虎型乃有原創力且非常自信，勇氣很強，1998 年他 27 歲，中國的抄襲率、盜版，占整個比例近 92%，滿嚴重的，維基寫到的抄襲爭議確實非常大，主要在於他做事的時候，前期公司內部沒有遊戲規則，奧林匹克的遊戲規則，那是管控老虎型的遊戲規則，他的個性面自然本我的創新，抄襲爭議的可能性很大。

另外老虎型占人口 15%，所以他比其他 85%的人有更大的一個特色，就是很有勇氣、很敢拚，因此他也說美國本來就是世界第一，如果他要學習的話，當然就是找美國的，他不用「抄襲」這個說法，以他那個年代，盜版率非常高，如同台灣 30 幾年前《301 法案》通過前一樣。他很有勇氣，好在他的專業是兩項強項，一個是傳統行業通訊，一個就是軟體研發工程師，可以快速的穿越，又很自信從世界中找出最好的，他從這裡來突破它，再找出適合中國的市場，所以他創造出「微信」。

3. 再說求變，馬化騰天天在變化，耐心性特質最低，也就是無尾熊特質指標最低，我們看他最高的特色是解決問題的能力，老虎型最在乎的是如何在最短的時間到達目的地？有問題怎麼解決？因此老虎型也是危機處理者，老虎型占人口的 15%，其他 85%跟他們不一樣，回頭看（上）篇談馬雲的部分，有學員問馬雲：你和馬化騰不一樣的地方在哪？你們兩個會不會王不見王？馬雲說：沒有那麼嚴重，因為馬化騰會的部分我不會，我會的部分換他來，他會死掉，我去做他的微信或 QQ，我也會死掉。同樣是老虎型，人生的際遇和天賦領悟不一樣，馬化騰是學軟體出身的軟體工程師，在這一塊創新，但是有 5、6 個事業是相互扶持的，所以我就把他們兩個區隔出來了。我們看馬化騰創新、求變、解決問題的能力，快速、立刻、現在、馬上，因為他的產品不管是 QQ 或是微信，雖然微信是抄襲 WhatsApp，但他的微信在大陸的通訊方面是最早的，馬化騰說他不認為他只是抄襲，他認為他是快速學習者，他的學習力很強，還有「又是地頭蛇」，他認為：世界級的公司到了我這邊，不見得有我的優勢，因為我的彈性比世界級公司大，能伸能屈。這就是老虎型，但如果只有當地化，還是只能在中國、香港，沒辦法拓展到西方。

馬雲與馬化騰的人格特質相比：馬雲的格局更大，他從全球開始，他甚至說互聯網的生態是宇宙地球衛星，他是格局很大的老虎型。馬雲的精準度，即貓頭鷹指標最低；而馬化騰，老虎型最高，求新求變，但他的耐心性，即無尾熊特質指標最低，馬化騰的貓頭鷹指標就是在中線下面，沒有這麼敢冒險，在這麼大的藍海，他做跨界交叉，他原來的歷練就是電信，又有軟體工程師專業，互聯網這一塊，他有前瞻性，又學習 WhatsApp，他從美國世界第一名那裡學習，再快速求變及突破，馬化騰描述自己是地頭蛇，我們可以看到兩人的格局差很多，但是馬化騰能在自己的地盤做到頂尖，所以這兩人都是首富。他的 WeChat 可以拿來談公事，又可以買很多東西，連馬路上的地攤都可以隨時使用，微信則是平常溝通什麼都可以用，要買東西的才上支付寶，兩個行為不同，一個是聊天用，一個是購物用，是不一樣的。如我習慣使用微信，忽然叫我轉用 email，兩個行為不一樣。就像馬雲說的：我們兩人不一樣，我如果做微信，我做不起來，但若馬化騰跑到我的場域，他會死掉。可以從馬雲的描述看得很清楚。

4. 馬化騰的個性組合最高特質占其 50%的個性特色，最低是無尾熊型的指標，耐心性特質最低，占 20%，第二低是貓頭鷹型特質，他可以包容很多的合夥人與合作夥伴，他的管控能力很強，因為他貓頭鷹特質乃次低，在耐心性特質上面，是多多益善；在表達指標方面，他在自我介紹的時候，雖然公司已經很大了，還是自述「我是軟體工程師，我不會表達」，可是他會與人們連結，他的連結就是跨業交叉，互聯網與各種傳統產業，從通信切入，他可以和自己公司裡各種不同的團隊跨業交叉連結，做不同的藍海策略。

一般人只會一種技能，但他兩種都會，他都可以銜接起來；其次，2016 年時他的事業已經很成功了，但他還是很謙虛地說：我不太會表達！因此他的孔雀型特質指標大概在中線上方或下方一點，不算他的第一優勢。這部分只占個性特質的 10%。

5. 馬化騰在影片中提到，美國在互聯網都高居第一名，所以他就從第一名中向最好的學習，他的決策思維是感覺型，會很快做決定。一做出決定，就比其他的競爭者高很多，由於互聯網這個領域非常快速，今天有這個床位或是有這張票，你是第一名，但一不小心，可能一個月在此互聯網產業就消失了。

我之前輔導過一間公司，老闆是富二代，在互聯網投資，他說這個產業投資金額很大，而且成敗很難說，只要一失敗，損失的資本額就很大，他也是老虎型，因為他爸爸是台灣二十大企業家，他自己也說，只要一個月沒有注意，你就 out——被淘汰了。所以這個行業每天都要快速，這種個性就是老虎型，反應非常快，而且還有一個優點是機智、急智、反應快，戰略強，戰術也強，這就是馬化騰的牌，他的天賦優點：機智、急智，他也知道後面的人在追趕，因為他不像馬雲專走藍海，藍海的話與第二名之間距離很遠，就像比爾蓋茲在做軟體的時候，第一名永遠和第二名拉很遠，所以他有很多時間做研發，微軟不像中國的模式，在中國小天線即可使用，在美國都要用公共設施投資很多經費，是很大的工程。

6. 在中國每個人都有手機，但沒有家裡電話，在台灣每戶都有家庭電話，中國的手機取代了家用電話。在中國是互聯網和電力的搭配，電力也是傳統，架構不同，在這裡就是馬雲和馬化騰的優勢。

7. 我們看馬化騰的感覺型也非常快速，不會因為要收集決策訊息而花太久時間，他的工作能量風格，是臨場感爆發力指標最強，比同行的還多一塊，就是互聯網和傳統行業，只要從電信開始，各種傳統行業他都可以連結，這就是跨界的藍海，別人追不上；他把 6 年的資歷用上，變成他的資源。老虎型組織能力強，善於動員物力人力資源，馬化騰會動員所有他能掌握的人、事、物及雙重技術資源。

我看到他的爆發力指標特別強，每一家重要的客戶他通通會親自到前線拜訪，對公司行銷部門要求很嚴，且都必須去戰場第一線打仗，他的爆發力指標最高，規劃力指標第二高，因此他是速度型，邊做邊修正，不是靠規劃。他說他不認為他是抄襲，但他又是從第一名學習，而且是快速學習者，他說：我是「地頭蛇」，中國能提供什麼，我再來突破。這就是他的個人優勢，所以可以看到他的規劃力不行，後勤作業支持力更弱，這是由於軟體開發者很多都是開拓型的。

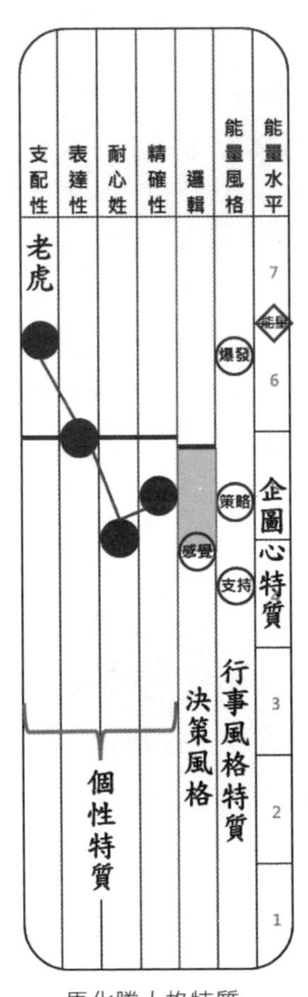

馬化騰人格特質
美國PDP領導管理整合系統

8. 他幾乎各種傳統行業都要介入，他的個人能量風格、自我企圖心、能量水平一定也高標準，果然都在 6～7 之間，大陸的互聯網高階主管能量通常在 5 格以上，他的能量比一般人更高。

9. 再來看他的價值觀：用生命教練八大塊來檢驗「我是誰」？與微信事業的生命道路上，冥冥之中他變成中國的慈善事業，在企業中捐款最多的第一名，冥冥之中他也和李連杰連結，他是從東南亞南海嘯中活下來的男巨星，沒有漂走，於是他就發誓，他要做慈善事業、壹基金，李連杰便教他一個點子：你看歐巴馬總統，他在競選總統的時候都是透過 WhatsApp 小額捐款，他完全靠這些，所以沒有人可以操控他，沒有大金主，政策面自己可以做主。李連杰發覺這很厲害，因此找來微信與馬化騰結合成立慈善事業。

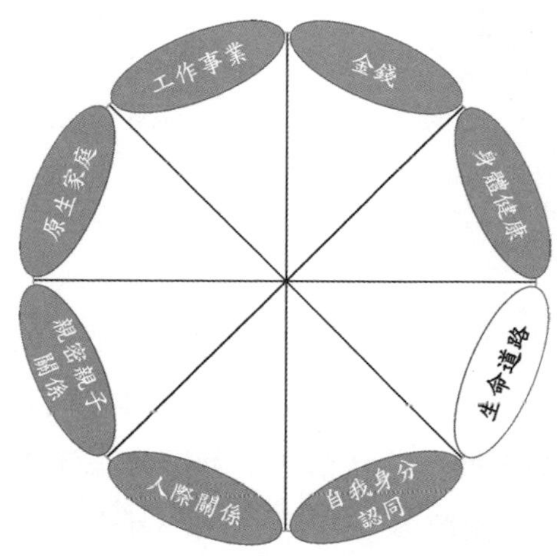

李連杰的慈善事業：李連杰的「生命道路」與馬化騰的「微信事業」結合連結

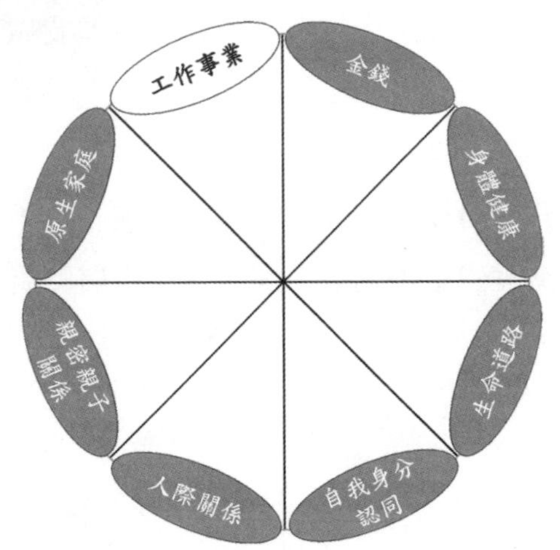

馬化騰的事業：微信與李連杰慈善事業的連結

10. 對馬化騰而言，這方法很方便，他發現李連杰講到自己的激情可以講 1 個小時，馬化騰原本也沒想到要做慈善事業，但是被李連杰的激情所感動，對李連杰來說這很重要，一塊錢可以做壞事也可以做好事，而微信這個工具，每一個人在這邊花的錢，等於他捐一塊，你再多捐一點，對你來說太容易了。

11.馬化騰因此也當機立斷，李連杰是演武俠片張三手的大師級演員，他與公司的形象還可以幫微信加持，商人當然還是看重賺錢，他怎麼會跑到慈善事業？因為馬化騰這樣一算，他相信李連杰的激情，再來他也沒有捐多少，所以立刻動員起來，我們可以看到這個力量有多大，隨後變成全中國慈善捐款第一名，不但對「微信」的形象很好，也回應李連杰的願景、價值觀、熱情，不管哪裡有災難，他都可以運用這個通路。這就是我對馬化騰最重要的幾項特質的勾勒。

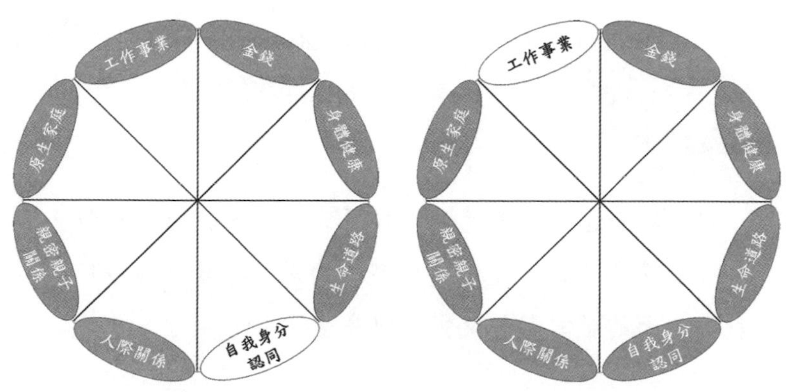

馬化騰對「微信」的形象與慈善事業連結：
包括「自我身分認同」與「自己的事業面形象」連結
很輕易的成為全中國慈善捐款第一名（Who I Am）

究竟是什麼樣的人格特質與成長經歷造就了今天的張忠謀？

（【YouTube】Marie 老師主講日期：2020 年 12 月 10 日）

目前在全世界半導體業，幾乎沒有人不認識張忠謀，張忠謀經營了台積電，究竟是什麼樣的人格特質跟成長經驗，造就了今天的半導體教父張忠謀先生？

我在看他的傳記，他的自傳是 2001 年寫的，是他 34 歲傳記的上半部喔！裡面提到他希望退休以後能夠講學，這是他的志向。他是 2018 年下半年退休的，他做半導體業差不多快 50 幾年了，我看到他用這本傳記的上半部來激勵年輕人，他的講學有兩大塊：一塊專門針對台灣的年輕人，大學畢業以後，不曉得所學能夠做什麼的部分；另外一塊專門針對台大、交大、政大、清大 EMBA 班的學生，以及科學園區的高階主管 EMBA 班，主講他如何讓台積電成為世界級，他只做世界級的事業，他把德州儀器那種世界級的頂尖標準帶回台灣，從企業文化到組織的文化核心價值，整個都帶回來，還有他對公司上百位以上、所有要升到高階主管的人，全面評估其品格、價值觀核心，這是他對公司核心價值很深的一個管控。

張忠謀是滿特別的一位，當我們在幫一個人做生涯規劃的時候，一定要問：「他對什麼有興趣？還有他有什麼天賦優勢？」

在講學中，他對年輕人分享一個滿好的見證：他說他初中畢業 17 歲的時候，那時乃是少年維特的煩惱這種年齡，他本來想當作家，因為他對中國文學有興趣，中國的司馬遷《史記》、諸子百家、《三國演義》，還有《紅樓夢》他都有看。由於他是獨生子，所以他每天花很多的時間看書，他在學校也編輯過文藝片，訪問過學校校長兩次，他覺得當作家是他很想做的，但是當他從南開大學畢業的時候，爸爸跟他說：作家沒飯吃啊！因為爸爸在銀行做財務主管，本來要他學商，還好在冥冥之中，他運氣不錯，他的親戚三叔留美，也在美國當教授，說他既然原來想當作家，現在去美國念科技，轉換太快了，就要他先去哈佛大學。他的三叔說：哈佛大學科技也不錯，科技最好的雖是麻省，但麻省太專業了，哈佛科技門檻低一點，但有一個很好的通識教育，讓你可以學習宏觀，各種領域通通都會探索，這樣你可以比較瞭解，又有一個基礎，你再決定這個工程科技（那時候他是學機械工程），這樣比較合適。張忠謀提到他當時的生涯規劃，因為有抗日戰爭 8 年，接著又是國共內戰，他爸爸決定直接送他由上海到波士頓的美國哈佛唸書了，這影響了他的人生下半場。

因此他對大學生說：你們主修什麼？現在不要這麼緊張，重點是你自己對什麼有興趣？學習要認真，而且是終身學習，這非常重要，你的大學所學，和你未來做的工作可能只有 5%相關。這是他對年輕人講述的重要洞見與價值。因為他已經是產業的教父，既實務又有理想，以他自己為典範例子，可以給年輕人很大的見證鼓舞。

現在年輕人都很喜歡互聯網，半導體教父向年輕人分享了什麼樣的價值？

馬雲曾說，他到台灣的時候，發現台灣做科技行業的，都是年紀很大的人，他覺得很遺憾，也滿震驚的，馬雲又說，在大陸，做互聯網跟科技有關的都是 40 多歲或 30 多歲的年輕人。張忠謀則是非常沉穩，很輕易、輕鬆的回覆馬雲：我比馬雲早 30 年世代，如果馬雲生在我那個時代，可能就會做半導體；我如果生在馬雲這個世代，可能也是做互聯網，有時候這就是一個時代的整體大趨勢。

談到整體趨勢，在他的書裡，他說半導體這個行業，真正做到世界級最頂尖的 CEO，60 歲開始才是真正的黃金時代。黃金的時光包括他的智慧，還有科技創新判斷，而且對他而言，在這個行業要能做到龍頭，能夠做到像他政治、經濟、科技通通都要學，他每天都要花這些時間，要瞭解整體才能做出正確的判斷。我們看他的事業面：他 27 歲就到德州儀器工作，在世界頂尖的德州儀器有幾個非常棒的貢獻，降低了不良率，讓 IBM 很震驚，比 IBM 自己做的還好。他們有接 IBM 的案子，做一些轉好的單子，在半導體上，他的製造良率提升很多。也是因為這樣，德州儀器給他獎學金，讓他去念史丹佛大學的博士。我們看到他的前瞻性、創新，他也會將這個高標準再創新改良。他把學術理論還有應用面通通融合在一起，參透公司以前沒有辦法克服的困難。他從 27 到 30 幾歲，一直是這樣建立功勞，由此看到他的個性：他是老虎型的特質最強，這樣的特質，基本上很有遠見，很有導航力，非常前瞻，組織動員力很強，另外他的老虎型特質就是創新力，敢逆向思考、敢改革、變革的能力最強，是最高的指標，占他整個個性特質的 50%。

他很有個性，在法人招標完畢以後，他要幹嘛就幹嘛，很果斷。有時候也很獨斷，這是他很有魄力的一面，他在德儀剛上班時 27 歲，即他的創新面。他也提到，德儀與他高中時的南開學校文化一樣，「苟日新日日新」，所以他每天都會讓自己不斷的創新改革，他發覺任何公司，即使是世界頂尖的，只要 5 年沒有創新改革、沒有繼續研發，通通都會被 Phase out——淘汰！所以他每天都在進步。

他的最低指標是耐心性最低，反之執行力最強，還有危機處理能力最強。他除了上班之外，下班後都不太社交，他喜歡看書、聽古典音樂。他公司的研發實驗室，包括第一個半導體公司，他就創新了很多，他離不開實驗室跟現場，一直在想怎麼去改良，相對他的孔雀指標也非常低，因為在科技這塊，他是做出來的！除了科技技術面，他在管理面已經做到不同的事業部總裁、總經理，由此可知，他的貓頭鷹指數較低，表示更宏觀，精確度也在中線下面，但是在耐心性上面一點點，所以他的管理能力，授權以後要求絕對的精準，這塊也是他非常強的；他一直保持新鮮，不管任何年齡，這種個性特質的年齡思想不會老。他不斷的創新改革，可以大方授權給很多人，同時會要求被他授權的人，他不會追丟了，當然有時候會忘記，但他最強的特質就是在管理和領導。領導，就他的價值觀而言要絕對的誠信，絕對的創新，改革誠信非常重要，還有以客人的需求為最大的需求，這都是德州儀器的精神。他回到台灣做台積電，一開始就是高標準，一直要世界頂尖級，不會因為到台灣是從零開始，他就妥協。他在「世界頂尖的德州儀器」做了 25 年，到台灣再發揚光大，除了西方必須的 knowhow 技巧價值觀，還有中國的誠信，都擺進去。他的決策思維是感覺型，滿敏感的，感覺線條滿長的，這可以從他的工作經歷來看，他進入第一家公司 Sylvania 工作到 27 歲，因為公司要他裁員底下兩、三位員工，他覺得員工都在加班，累得半死，公司從來沒有鼓勵，最後虧本就叫他裁員，他不能接受，於是離職進入德州儀器。

他來到德州儀器後，一進去就有嗅覺，可以聞到氛圍，他說這家公司的文化有「誠信」、「Passion 熱情」，還有「創新」的這種的活力，可以看到生命力。他也回頭去原來的公司看看，還可以買些什麼，他可以感覺到那個蕭條、那種難過，他雖是念科技，但可以感覺到他的敏感度，對氛圍很敏感、很敏銳、很細膩，當然與他的人文素養也有關係，才能夠欣賞東方跟西方，整個感覺都很深邃啊！從古典到現代的人文素養，我們可以看到他的決策思維是感覺型。很敏感，對人非常敏感。他的能量風格是開拓性，他到哪裡，就是不斷的創新開拓，所以是有謀有略的老虎，兼開拓力很強，還有他的能量水平，從 20 幾歲到現在，做事一定都在「6～7」，超高能量，他對自己的標準、標竿非常高，他所在領導的公司的整體文化都是要世界頂尖的。他回到台灣，沒有因為他的年齡或者台灣那塊產業是 0 而降低標準。

他的心理心智能量與自我標竿，企圖心非常高，在最頂尖的 6 點多格到 7。

之前有談到川普、拜登，在整個政治和經濟的部分，對張忠謀本身又有什麼樣的影響呢？

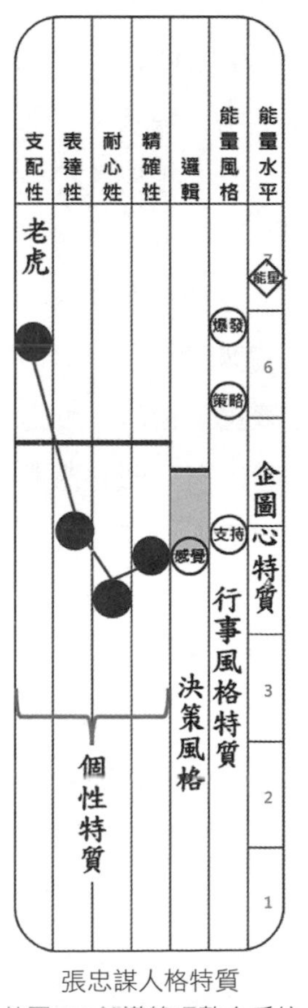

張忠謀人格特質
美國PDP領導管理整合系統

我記得張忠謀曾提到他每天都上班，除了上班的時間，他每天晚上回去的時候，他都會花很多時間瞭解政治、經濟對科技的影響，他在這一領域花了很多很多的時間，包括他的唸書時代，先是 8 年抗戰日本，接著又是國共內戰，高中時他看報紙報導開羅會議，與會者有老蔣、羅斯福總統及邱吉爾，他對於世界的政治、戰爭和國運，都會連接在一起，除了看這一些，還有他初中以來讀的中國古典文學，包括《史記》、諸子百家、《三國演義》、《紅樓夢》，他都看得很深，他在哈佛大學的第一年也替他打下很大的基礎，瞭解西洋的人文素養，包括荷馬的《史詩》，等於對照西方的《史記》，從中國司馬遷的《史記》，一直到《紅樓夢》，就像莎士比亞還有海明威，他從最古典的到現代的、西方的，在哈佛的那一年打下終身的基礎，所以他比一般科技人多了政治、經濟面向，還有人文的素養，都非常扎實，現在不管走 AI 智慧還是半導體，他的上游供應商全是美國，像台積電也要經過美國才能加工作業，他才能夠從 14 奈米、12 奈米、8、6、5 奈米，下一步要走到 2 奈米。

還要想辦法打破摩爾定律，進入到量子科技這一塊，中國在這一塊至少還要花 5 年以上時間拉鋸，這區塊和全球的政治、科技都有關係，在川普時代，中美貿易打得有點亂哄哄的，美國也對台積電說不准出貨給華為，隨著每次談判都在變動，他就不管這些。如拜登之後，台積電政策還是很有力量，有一個整體戰略，未來台積電在台灣的力量和科技影響會更大。

我們看半導體教父張忠謀在事業上這麼的成功，是不是要談談他的家庭呢？

他差不多 90 年代 54 歲回台灣，美國 PDP 系統可以量出一個人的耗能量，包括正面或負面工作上的耗能量。一個人天賦特質有什麼優勢、企業有什麼核心優勢，也可以看到做先生的角色用掉多少能量？或做爸爸的角色用掉多少能量？ 因為 1990 年我剛開始學習的時候，美國的 PDP 系統就是領導風格、組織風格，系統都可以量出來！通常事業很成功的，不管是女強人或者男強人，他們的代價很大——要不是婚姻失敗，就是身體生病，胃潰瘍、十二指腸潰瘍⋯⋯；所以在衝事業的時候要有這個覺知，預防是滿重要的，我回來做的即是預防，透過這個系統全部可以量出來，我從 1990 年起運用了 30 年，在過去 21 年，我又再追加學習靈性、心靈面的，因為人性除了人的個性特質，另一個最棒的就是還沒有開發靈性的這一塊。

張忠謀在德州儀器已經做到華人最高主管，他是好幾個事業部的總裁、總部的副總裁，他在一間公司裡面，27 歲進去 25 年，就拚到了華人中最高的職位，而且是世界頂尖的半導體產業。世界級頂尖的高標準，也是他對自己的標準，做事要很 Outstanding，非常優秀的，如他在德儀還被 IBM 看中，是超高的成就。他在工作面非常投入，可以看到他第一次婚姻是失敗的，沒有時間經營婚姻和親子關係，這塊都是空白；雖然他曾提到 50 歲那年，他的女兒車禍差點走掉，還好最後沒事，不然更是遺憾。他人生 70 歲步入第二次婚姻，剛好他的另外一半張淑芬也是第二次婚姻。

他倆的第一次婚姻都很遺憾以離婚收場，張淑芬女士比他小 13 歲，他 70 歲，他倆的第二次婚姻，我們看了報導，至少他倆都會互相珍惜，張忠謀的太太張淑芬最感謝她老公的是「讓我做我自己」，當你可以讓你的另外一半做自己，即已表示：你倆都會不斷的成長，沒有什麼所謂的退休時間。尤其張忠謀本身在科技業，他很獨特，在科技業，一般學理工科技的人，人文素養都比較低，頂多看看武俠小說，他則從初中開始看中國經典文學，下了很大的功夫，他那時候想當作家，他到哈佛大學後，第一年就學到荷馬的《史詩》，直到莎士比亞、海明威⋯⋯，他讀莎士比亞的西方戲劇，可以和中國的《紅樓夢》對比，所以在哈佛念大學，還有在重慶南開中學念初中，這兩個時期是他這一生最最最快樂的時候！他對人文素養終身學習，一直到現在。我想因為是這樣，所以他沉得住氣！才可以有很大的包容性。

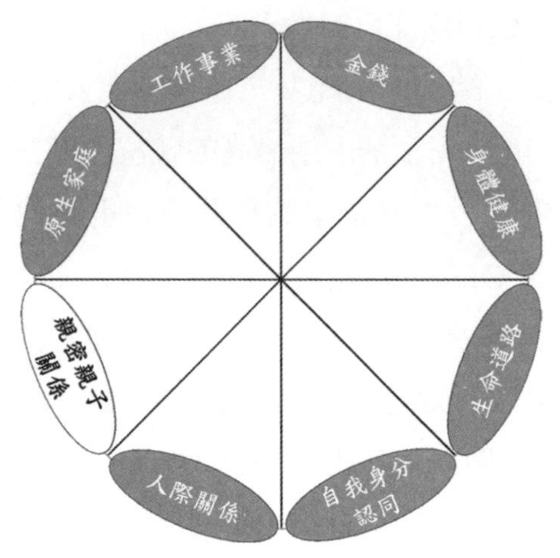

第一次婚姻：沒經營

第二次婚姻：有完全投入與經營，第二次婚姻夫妻雙方都珍惜，且有很好的默契

2003 年我訪問趙耀東先生的時候，那時候趙耀東先生 88 歲，他對政府投資張忠謀的台積電事業投資這麼多，在 18 年前，他也期許張忠謀能夠為台灣、為國家做一點事。

我們現在可以發現，每個人只是貢獻的時間不一樣，張忠謀現在在事業上已經建立起來了，台積電成為台灣的護國神山，在專業上他一直是半導體產業的領頭羊，已經超越了三星。他在私領域裡面，包括他自己的親密關係，還有他的生命道路，除了事業的生命道路之外，他曾說退休以後，他想做很多的教學演講。除此之外還有作家夢，17 歲的時候把自己寫的文章出版，他從 7、80 歲到現在，一直在走這條路，他在他的生命道路和親密關係，他在這一塊只是時間比重給的不同，很高興他還健康，還能夠貢獻。

雖然今年已經 89 歲了，他還代表我們的政府去參加 APEC 會議，參加了 2、3 年，參加了好幾屆，真正的在政治、經濟、科技，還有人文，四大塊素養都很高，算是一個非常經典的案例。

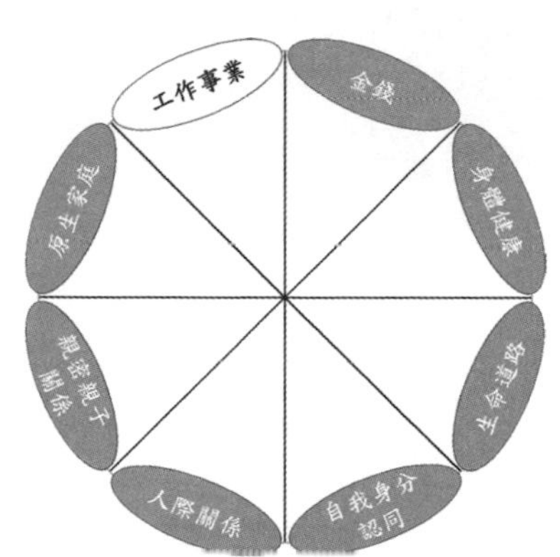

事業：半導體的領頭羊

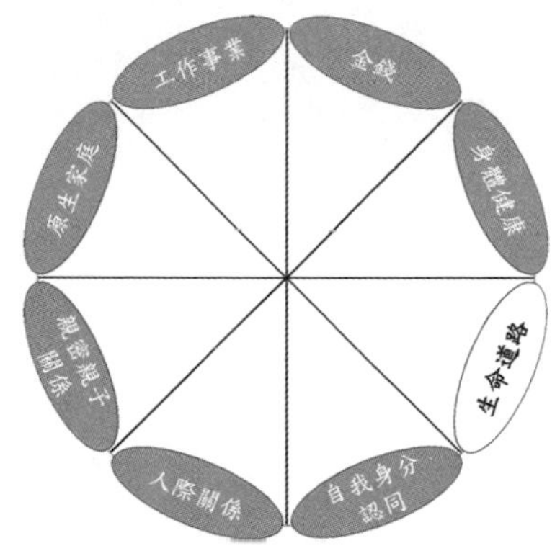

生命的道路：退休後要投入更多的教學演講領域

運用篇

你的老闆屬於哪一種領導風格？

（【YouTube】洪雪珍老師訪問 Marie 老師，
日期：2020 年 10 月 6 日）

洪雪珍老師：我們的主題是──「你的老闆屬於哪一種領導風格？」今天講的不管是老闆和主管都非常適用，甚至如果你是老闆、或者你是主管也適用，很多人上班，正常加班，每一天朝夕相處的是誰？不就是老闆和主管嗎？

這兩個人對你是有權力的人，掌管生殺大權，包括你的工作分配、你的工作量、你的工作時間長度，還有你的績效考績、獎金甚至薪水加薪，通通都掌握在他的手上，所以他可以決定你的生死，甚至你的快樂、不高興，如果你和你的主管、老闆相處得好，你的日子就會過得自由自在、愜意得不得了；如果你和他們相處不好，你的考績會差、薪資也會差、你的獎金也可能給得很少，處境就會差很多，所以當然要瞭解你的主管和老闆，但是要怎麼瞭解？今天就告訴你，到底怎麼看待你的主管跟老闆。

有三個重點：第一個，主管和老闆的幾種類型；第二個，不同類型的主管、老闆會有什麼樣的偏好？第三個，他討厭什麼，有什麼地雷區，你也要知道，還有哪些禁忌？這些都是我們今天要談的重點，接下來介紹──張曼琳，她額外研發美國 PDP，是台灣首屈一指的人格特質分析專家，她過去在台灣，都是讓大企業使用，大概在 20 年前吧，IBM、花旗銀行、飛利浦、嬌生，還有屈臣氏，都在使用這一套美國領導管理整合系統 PDP，做人才培訓、人才招募、組織發展、組織變革，她目前主要在大陸教學，大陸也非常非常器重曼琳老師，像是世界級頂尖 15 大：香港科技大學的 EMBA 班及 MBA，還有中歐工商學院的 EMBA 班，過去 10 幾年來都有接受 PDP 系統的課程訓練，要知道這幾個研究所都不得了，排名都非常非常前面，能去念的人在總經理班其實都來自非常大的企業，所以我們可以知道，美國 PDP 在人才培訓還有組織發展上面，她的江湖地位是很高的。曼琳，跟大家揮揮手，接著是你啦！

Marie 老師：什麼叫 PDP？PDP 是非常專業的系統，我們都是從企業的最高主管，由上往下全部都電腦化，所以有 2000 多萬份以上的大數據庫，我們在大中華已有 90 萬份以上的大數據庫。第一個 P 是指專業的，第二個 D 是你的精力能量的衡量，包括你的個性特質、你的能量風格、你的決策風格，還有你的工作風格、做事風格，和你的企圖心能量水平，第三個 P 是指系統，最重要的是，這套系統可以看到的不只是你，還有你的主管，對你工作的滿意度，以及耗能量、還剩下多少精力？演什麼像什麼？這些檢驗非常精準，高達 96%的精確度。

洪雪珍老師：96%，這比一般的心理學測評高非常多耶！

Marie 老師：所以在心理科學方面通常最高檔，頂尖都是20%以上，像剛才提到的 EMBA 班，頂尖的 10 家研究所即有 6 家都用我們的系統，包括上海交大、浙江大學、清華 EMBA、長江商學院，還有瑞士洛桑大學，研究每個國家競爭優勢，每年都會公佈，所以他們的 EMBA 班及香港科大的 EMBA 與 MBA 班都會用，且為上課必修。

洪雪珍老師：所以今天你是不是非常的幸運，可以聽到 PDP 的介紹及說明，還有怎麼運用？老師親自來直播跟你說，不簡單，非常難得，老師來談一下：我們先說人格特質裡面有五大型。

Marie 老師：我在 28 年前第一篇文章就寫了柯林頓，我也出版 10 幾本案例研究的書，政治、經濟、文化……各行各業，在台灣的研究我們已經做得非常多，老虎型占人口的15%，所以有 85%人跟他們不一樣，大部分科技業或是技術製造業的行業，老虎型占最多，老虎型在所有類型中最務實與注重績效、目標導向，目標管理這方面是最強的，也是導航的人物，在自己的產業裡面都希望做專業上的權威，像台積電的張忠謀、鴻海的郭台銘，他們比較明顯，經由他們的傳記可以看出來。

孔雀型也占 15%，老虎型和孔雀型這兩類最大的共同特色是比較主動，開創也最多，是推動人類進步的，但也是破壞人類進步的，像是德國用非人道的集中營殺害很多猶太人的希特勒，以及賓拉登也是老虎型，所以可以看到老虎型可以改變人類。說一個正面的老虎型精神典範就是「奧林匹克精神」，這是老虎型發現的，老虎型最喜歡競爭，占人口15%！所以各行各業的老虎型最勇敢，也敢有自己的聲音，奧林匹克的精神就是老虎型的精神，老虎型喜歡藉由競賽每年超越自己，還有超越人類的紀錄，奧林匹克為什麼會計算哪一個國家是金牌數最多的？因為這也代表「國威有增強」！奧林匹克的遊戲規則很清楚，就算你拿到金牌，但只要被抓到有嗑藥，你的金牌就沒了，所以奧林匹克精神是大家都能夠接受的。其實也是讓老虎型的潛能開發，正面發展，因為「奧林匹克」乃是最注重「遊戲規則」和「運動家精神」的運動。

孔雀型則是激勵人心與勾勒未來，就像我寫過柯林頓、歐巴馬、國父 孫中山，我大學的時候最喜歡聽國父 孫中山的「要做大事不要做大官」，雖然怎麼做我不曉得，但是我覺得國父 孫中山鼓勵「人生不如意十之八九，但是我們還是要奮鬥」。

孔雀型也占人口 15%，孔雀型最會勾勒願景，所以當歐巴馬在當美國總統的時候，台灣一直說馬英九不會勾勒願景，兩個人的優缺點剛好完全相反，馬英九總統是老虎型特質最高，孔雀型特質指標最低，孔雀型最棒的特質是勾勒願景，馬英九是安靜的老虎，目標達成才是他關注的主要焦點。

孔雀型指標最高的，除了國父 孫中山，還有歐巴馬、柯林頓、雷根，美國最會溝通的總統，第一名就是雷根，美國最會推銷的總統是柯林頓，美國最會講願景的總統是黑白混血的歐巴馬，在美國來說，是白人至上的世界。孔雀型很重同理心，很會激勵團隊，很會腦力激盪，而且非常歡樂、注重溝通；此外還有無尾熊型，如甘地、南非第一位黑人總統曼德拉，南非以前都由英國人和荷蘭人的移民所統治，你如果去南非，會發現他們的公共設施方面很強，黑人曼德拉當了總統以後，他是第一位黑人總統，我記得陳文茜的電視節目曾訪問這些黑人，他們說：因為以前 80%的經濟都是白人擁有，但是白人的人口只有全南非的 20%，輪到黑人做領袖，領導人是黑人，即使我們自己賺的錢不多，我們也不會哀怨。在這方面他們沒有去爭取，因為他們覺得作為黑人公民，在教育方面不主動爭取、不主動去讓生活品質過得更好，如果不努力，經濟收入當然就比較差，訪問過這麼多黑人，知道這些人是心服口服的，真的見證了「不患寡，患不均」。曼德拉也獲頒「諾貝爾和平獎」，無尾熊型的特質就是愛好和平，不喜歡流血戰爭，希望持之以恆，也很注重規律的中長程，只要無尾熊型的人在，氛圍會很和諧。

以前華航有一個廣告「賓至如歸」，比喻就像回到家裡的感覺，溫馨感、很溫暖，無尾熊型乃是比較軟性，孔雀型也比較軟性。貓頭鷹型和老虎型則完全重視目標導向，老虎型是宏觀，胃口大，貓頭鷹型是執行官，如同顯微鏡要精準，像是專家、醫師、建築師、工程師、老師、精算師，如果保險業沒有經過精算師計算，就會像 2008 年 AIA 英國保險公司遇到的問題，精算師或者公司裡面組織不平衡，大部分乃是老虎型，老虎型願意冒險，但是沒有算好數字給他，他不知道風險在哪裡，走太超過，最後賠不出錢，造成全球金融風暴；而貓頭鷹型最大的優點就是重安全、打地基、精準，注重標準流程 SOP，通常外科醫生都是老虎型，像是柯P，內科醫生、小兒科醫生比較多是貓頭鷹型，外科醫生專對付疑難雜症，就像以前心臟開刀乃最高難度，要老虎型，敢冒險。

但是一個團隊各種類型都要，很多老虎型開的刀，電視新聞曾播出紗布還在身體裡面，如此的醫生就是沒有經營技術團隊，自己完全從技術的角度，很勇敢、很敢做，雖然克服了疑難怪症，但是不夠精確，所以要靠貓頭鷹型的標準流程 SOP，如果不動員貓頭鷹型，過程漏洞百出，外行人不知道，內行人一看就知道裡面會出現很多問題，老虎型、貓頭鷹型兩個都是重視目標，老虎型是抓大方向，貓頭鷹型覺得只注意大，而不注意每個流程的精確性，會不安全、沒有保障、不精準，失敗的時候也會很嚴重。兩者個性完全不一樣，老虎型和貓頭鷹型都比較專注「事」；孔雀型和無尾熊型比較專注「人」。

若有摩擦，到底哪個優先？公司裡還會有變色龍型，變色龍型占人口 30%，他會在中間協調，讓組織的氣氛不要太緊張，因為全部都是以人為導向。事情辦不好也不行，冗員太多也不行，績效太少也不行，因此一個組織內五種型都要，少一型都不行，如果五種類型都有的話，組織就會比較健全，決策上也比較不會有盲點，就像剛剛提到 2008 年 AIA 保險公司，就是精算師沒有發揮，讓老虎型遠超過冒險的尺度就破產了，老虎型很勇敢、很敢冒險，但一個很大的企業，若組織內沒有人制衡會很危險，有各種類型才能看到不同的盲點，就像德國的希特勒、法國的拿破崙都是過分自信，拿破崙沒有攻打過蘇俄莫斯科，莫斯科又比歐洲多冷一個月，因此不曉得糧食準備不夠，這就是沒有採用無尾熊型，無尾熊型會將物料糧倉的物流運作算得最完整，如果好幾天沒有飯吃，士兵怎麼打仗？比預期多冷一個月，他們也完蛋了，仗根本不用打就輸了。所以希特勒、拿破崙的老虎型太自信，都在攻打蘇俄時跌跤。

比較起來，老虎型和貓頭鷹型偏「事情取向」，孔雀型和無尾熊型偏「人際取向」，但是老虎型和貓頭鷹型的差異，在於決策速度的快與慢，這四個型都非常明確知道自己要什麼，中間變色龍型會有一些協調，可以避免管理上面的盲點，尤其在做團體決策時最重要，因為老虎型和孔雀型喜歡主動出擊，老虎型是過分自信，孔雀型是過分樂觀，所以沒有無尾熊型和貓頭鷹型會是個風險，缺乏中長程的考量，對決策很危險，變色龍型則可以避免一開會就吵架，把五類型的優點綜合起來，才能順利達到目標，有任何風險都可以拿出來討論非常重要，如果發生什麼意外還可以彈性求救，一開始若沒有掌握每位成員最大的優點，也不知盲點，在組織裡很可怕。

洪雪珍老師：剛剛每種型都有提到，假設當這些人作為主管，他領導的風格是怎樣的？我們來聽 Marie 老師談，老虎型、貓頭鷹型、孔雀型、無尾熊型、變色龍型，各類型的領導風格有何不同？你就可以判斷一下，你的主管大概是哪一種了。

Marie 老師：老虎型主管重目標，他要很快完成，他喜歡你快速講重點，直接不繞圈子，目標導向；孔雀型是比較喜歡聽可能性，比較樂觀，他的溝通功能是談各種可行性，讓大家提出各種意見；無尾熊型重視中長程的步驟，且非常注重可靠性，他不看短期，規劃也是做比較深的專業；貓頭鷹型注重精確性，最在意 SOP 標準動作，每個動作都要很精準，才可能達到最後的目標，他強調可信度。所以無尾熊型重視可靠性、孔雀型注重可能性，老虎型注重可行性，變色龍型，基本上喜歡在中間隨機應變，不會一下子決定，變色龍型占了人口的 30%，因此你的主管有三成機率是變色龍型。

洪雪珍老師：剛剛老師有跟我說「怎麼樣用肉眼看出老闆的類型？」因為你不可能對你的老闆說，我想瞭解你，我想要知道怎麼跟你相處，所以請你來做 PDP。不可能這樣做，所以我們能不能從老闆或主管的行為，或溝通的方式、決策的方式，隱約猜到他可能是屬於什麼類型？

Marie 老師：我覺得這有點困難，剛剛談到老虎型和貓頭鷹型，我們說「江山易改本性難移」，這兩型很自然就是事情、目標導向，總共占人口的 35%，孔雀型和無尾熊型的人是關係導向，孔雀型也比較敢冒險，無尾熊型注重可靠度，也重視精準度，注重中長程且更謹慎。用肉眼觀察到的是「他的角色」，他的扮演和他真正的個性，其實很多時候是不一樣的，因此能猜中自己類型的不到人口的 30%，猜中同事的更少，不到 20%。

舉個例子，像我除了做企業界，也做很多私領域的「親子關係」，有一位女性已經 40 幾歲了，她覺得自己是老虎型，且她的兩個女兒，一個念國中，一個念高中，她一直認為媽媽是老虎型，覺得媽媽一直控制她，因為對老虎型來說，控制才能達到他要的目標；後來有一次讓媽媽做了 PDP 問卷，媽媽居然是貓頭鷹型，媽媽角色會覺得，你是我女兒，你要尊重我啊！我比你資深，人生的風險我都曉得，我告訴你是為了避免你再去踩到這些風險，媽媽並沒有想要去管控她的女兒，只是希望把最好的安全價值留給的女兒，可是因為她女兒的個性是老虎型，女兒認為冒險乃自己願意，即使犯錯她也願意自己付這些學費，女兒覺得媽媽都控制自己，認為這不行、那也不行，所以對媽媽就累積很多的不滿。當瞭解媽媽其實乃是貓頭鷹型，因為她的角色是媽媽，且天下父母都一樣，希望小孩健健康康、安安全全的長大，這一生雖不必功成名就，最好無風無浪，希望小孩走傳統的主流價值，所以她會希望小孩是安全的，她其實沒有要管控她的女兒；只是女兒是老虎型性格，其實不喜歡被管，排斥性也比較高，才會認為媽媽是老虎型。小孩子 8 歲就可以做 PDP 問卷了，老虎型最不能夠接受被別人管控，因為對老虎型來說：能力最重要，你如果管控很多，表示對其能力不信任，所以老虎型有時候會為了反對而反對，產生很多不必要的情緒。

再回到企業界，我們做到現在已近 30 年，企業界做的是由高階主管開始，由於要負的責任最大，壓力也最大，對自己的不滿通常會最嚴重，所以高管的精力消耗最厲害，中階或基層主管比例就比較少，不用負大的責任，因此壓力自然比較少些，對自己工作的滿意度也非常清楚，因為他的責任就是承擔績效，若一年沒有績效就會被開除，乃是一翻兩瞪眼。

洪雪珍老師：會不會有一種狀況是，主管原來其實是不同類型，但是我們作為屬下的來看這位主管，來看他的角色責任，好像是扮演了老虎型？第二個狀況是有沒有可能，越是高階的主管責任越重，老虎型的性格又更彰顯？

Marie 老師：老虎型是他的工作角色，因為他要負責部門達成目標的績效，也有很多屬下會誤會他的老闆是貓頭鷹型，因為貓頭鷹型重視精確，而貓頭鷹型占人口 20%，屬下可能會認為他的上司一直挑錯誤，但職位越大的，要看的、檢查自己的決策品質會更多，且授權後要確定這些屬下能達到任務，屬下有沒有聚焦在目標範圍內運作執行？通常在做主管，貓頭鷹型特質要完全放掉，得要飛得更高，因此會運用決策品質的特質，且要確定自己的角色扮演是正確的，他分工的每個成員是不是有在目標管理上面去執行任務？很多屬下是老虎型，他會覺得老闆不信任自己，為什麼問得那麼仔細？其實是老闆認為已授權給你了，所以要確定你是否有在授權內執行？有沒有符合決策品質？這也是在檢驗老闆自己的決策品質對否，不是在檢驗屬下的技術面精不精準。

我發覺這方面的問題最嚴重，很多人想離開現有的工作，但其實你離開這裡，去其他地方，還是得面對一樣的功課，因為你還是認為老闆是老虎型，這是個誤會，就算老闆是老虎型或孔雀型，也可以互補啊，我們剛剛在談老虎型和貓頭鷹型做事很強，但是關心屬下這一面比較弱，無尾熊型和孔雀型與人的關係就比較好，每一個人做事情，要互動、關係好才能建立信任，關係不好就無法產生信任，以致徒勞無功，孔雀型和無尾熊型可能在關係上面花的時間也比較多，在事情方面需要老虎型和貓頭鷹型去執行，所以如果太過人際關係導向，容易忘記必須去達成的目標，但目標導向太強的人，又會讓人覺得這個人太過功利、太冷漠了，這樣來說難道變色龍型主管最好嗎？

變色龍型的好處就是他跟誰都合得來，也很彈性圓融，但很容易迷失自己的任務目標，忘了第一優先，常常忘記方向。以方向感來說老虎型最強，不用教他就知道自己要去哪裡，老虎型和孔雀型是願意「邊做邊修正」的，最有名的修正主義就是老虎型發明的，認為「我不做我怎麼會學到？」

修正才會把事情做好。貓頭鷹型則是怕風險，所以企業五種類型都要有，有修正方向前進的、有會打地基的，不能大家都冒險，太偏頗的話這間公司的風險也會很大。

洪雪珍老師：老師 ，我插播一下，有人問問題，吳仁傑說：但是跳 TONE 的老闆也很讓人受不了，很多老闆是萬獸合一，我們的前校長就是萬獸合一，你的意思是他可以變成各種野獸嗎？跳 TONE 就不是純粹的老虎型，他會化身不同型，扮演的角色很多，贏的時候很高興，輸的時候脾氣很大，每個人都有情緒。

PDP 的這五種類型，會牽涉到你的「生理、心智和情緒」，有的是情緒卡到，這就比較屬於非常態，跟不同類型的老闆或主管怎麼溝通，能讓老闆聽起來最受用，是不是有一些關鍵字呢？

Marie 老師：比如你向老闆報告或者跟老闆開會的時候，到底有哪些字你要用？用對用錯差很多喔，像跟老虎型主管溝通，有關目標的直接講重點，對老虎型來說很重要，最短的時間到達目的地是他的第一優先，你不講重點，講 SOP 的流程過程，他連聽都不想聽，通常會要你講重點，問你能不能達成目標？如果他有興趣，再講你的方法，如果他沒興趣就不要講。

孔雀型比較腦力激盪，各種創意及可行性都喜歡，所以不要對孔雀型講一些洩氣的話，如這個不可行，因為孔雀型喜歡聽比較陽光的，比較快樂，喜歡聽各種點子，他們不喜歡聽這不行、那不行，他要各種可能性通通可行的點子，最後再變成一個完全的面向。

孔雀型的老闆每天都有不同的想法跟創意，這樣的老闆或主管最可能碰到屬下說：怎麼又來了，又有一個新的想法，那怎麼辦呢？如果老闆是孔雀型，你就問：什麼時間要完成？什麼時間是我們的截止日？不然他每天心血來潮，還會修正，就像柯林頓總統，他的演講總是一直在修正，最後才會定下來，因為對他來說，他的創意就像泉水一樣越來越多，常常一直修正，因此截止日很重要。

孔雀型比較活潑外向，直接表達、社交、人際，一般來說孔雀型比較陽光，是激勵型，所以老闆或主管如果想法很多的話，你不要跟他說這不可以，你要問他什麼時候完成？或先前已經有三件事，這件事要怎麼加入排程？你要讓他覺得務實、可行，而不是跟他說不可以，硬把他拉回現實面。像老虎型多在科技業、製造業這種比較硬的行業，有形的直接達成目標；比較軟性的，類似媒體業、廣告業，會比較適合孔雀型，EMBA 班研究所的世界頂尖教授是老虎型、孔雀型兩種型差不多，大概 70～80%，EMBA 學生中，老虎型和孔雀型的加總差不多占 70～80%，MBA 班最多是無尾熊型和貓頭鷹型，所以有一本書叫《哈佛 MBA 沒辦法教你的：量身製作》。因為無尾熊型和貓頭鷹型比較會讀書，很精準，也很注重專業，無尾熊型 90%專業度也非常高，無尾熊型只有 10%以下是開創性的，如曼德拉，他的風險比較大，一般無尾熊型感覺很溫暖、很溫馨，但基本上還是注意「可靠謹慎」。我記得我第一年回台灣救國團主辦全省高中的領導學生集訓，約 300 多位，是來自全省每個學校的第一名代表，做出的問卷乃為貓頭鷹型和無尾熊型最多，高中時第一名的學生常被選為班長，但班長角色大都希望扮演孔雀型和老虎型，他們的壓力就會很大，因為和他原本的個性完全相反。他們很會唸書，書上白紙黑字很清楚，但是對他們來說，做班代表的領導角色壓力很大，後來我在政大教了 4 年 MBA 班，差不多 85%以上同學都是無尾熊型和貓頭鷹型。

剛才提到 MBA，有 7 到 8 成是無尾熊型和貓頭鷹型，EMBA 是企業家多，很多總經理，EMBA 的老虎型和孔雀型比較多，所以老虎型和孔雀型更容易去當老闆嗎？更容易升遷嗎？因為他性格開創嗎？也可以這麼說，因為他可能是專業經理人 CEO，不見得一定是老闆，老虎型和孔雀型比較會為自己的戰功表述，且會要求獎金和升遷，無尾熊型和貓頭鷹型在這一塊就比較安靜，不會向老闆爭取，因為怕有風險，老虎型和孔雀型比較願意冒險；無尾熊型和貓頭鷹型也相對內向，冒險度較低，貓頭鷹型多數不太願意講，像馬英九與陳水扁都是老虎型，他們就勇於主動爭取，阿扁是老虎型指標最高，貓頭鷹型指標第二高，小時候家裡很窮，唸書要先念第一名，才有獎學金可拿。

說完孔雀型和老虎型，接下來談無尾熊型。和無尾熊型說話要很具體、可靠，而且是中長程計畫，如果你平常說話比較誇張，無尾熊型可能不會喜歡，無尾熊型喜歡樸實，貓頭鷹型則是重精確、可信度，數據分析要精準，如建築師看房子的安全度，鋼筋是否夠穩？包括我們剛剛提到保險公司，沒有精算師的話可能發生像「2008 年的 AIA 公司啟動全球的金融危機」，讓全世界金融產生惡性的連鎖效應。

洪雪珍老師：變色龍型又要怎麼跟他說話呢？

Marie 老師：變色龍型的人生存力和存活力最強，因為變色龍型又可能偏孔雀型或是偏無尾熊型，看他偏向哪型，你就從那個地方切入，變色龍型有 30%的人，他們都可以談，會留有一個空間且不得罪人，孔雀型是還沒進入談判，祕密可能已經讓人知道了。像我是孔雀型，我就不適合談判。

洪雪珍老師：剛剛說如何讓老闆最順耳，有沒有哪些字是和這些老闆談的時候不要用的？或是說話的方式？

Marie 老師：舉個例子，老虎型很注重能力對不對？所以他不能夠忍受沒有能力，你和他溝通，不能說你「做不到」，他會覺得你太笨了沒能力；孔雀型會討厭你跟他說洩氣的話，因為他們很樂觀啊，孔雀型雖然技術最爛，但他們也不想鑽研技術，他們想要團隊很強，像樂隊的指揮，所以不要和孔雀型講技術方面的事，孔雀型會講「明天會更好，生命如花朵」，你說洩氣的話，等於把孔雀型的毛都拔掉了。

而面對無尾熊型，你不要說什麼危機，他看重的是中長程，你不要今天發生了什麼事情，一定要在今天解決，他會覺得你是笨蛋，怎麼中間過程都沒有考慮到？你規劃得不周全，才會讓風險冒出來啊，你應該要把風險控管好，因為他們要求安全係數最高。

貓頭鷹型最怕遊戲規則改變，因為他們是照遊戲規則來安排進度的，遊戲規則怎麼樣、SOP 標準精確，他每一塊都要精確，只要有任何一塊有瑕疵，他就會覺得是不可能的任務，因此他不喜歡突然改變遊戲。

洪雪珍老師：做事上有沒有哪一些技巧，可以讓老闆看我們比較順眼？

Marie 老師：你碰到老虎型的一定是目標要先說，主題先講完，他比較放鬆了，你可以再說還有什麼建議，老虎型喜歡有能力、有想法的人，他問的東西你要直接答覆他，對老虎型來說，重要的就是最短的時間達到目標，其他的他都沒興趣，你給了他要的，才可以再談其他的建議，今天他沒有叫你 stop 或是對你講話不好聽已經不錯了，說太多他早就耳朵關閉，對老虎型的溝通技巧就是直接針對他要的：可以做或不可以做？如果不可以做有什麼建議？對他來說有建設性的、可以最短時間達到目標、最快完成是他最喜歡聽的，時常聽到老闆說「講重點」，可以知道很多老闆是老虎型。

孔雀型會創造各種創意可行性，對他的溝通技巧乃先傾聽，你很專注的傾聽，讓他說完對這件事情的情緒焦慮，再提什麼建議他都很容易接受，如果你不傾聽，一直要封他的嘴，他就卡到了，孔雀型像泉水，創意會一直湧出來，孔雀型很會即興創作。

無尾熊型注重可靠性、中長程。對他的溝通技巧，要讓他知道你的建議是「可靠的」，讓他安心，他最在意的一塊「要先說」，有時候人生就是比例和順序的問題，他在意的你先講，他滿足了，想說別的再講，無尾熊型在所有類型裡面脾氣最好、最注重人和，但只要內容不可靠，他聽完了，還是會覺得這個建議沒有意義。

貓頭鷹型重視可信度和精確的東西，相關的數據、所有的資訊越完整越好，他會覺得你有做功課，對貓頭鷹型來說，沒有做功課就是浪費他的時間，剛剛提到：這些主管都有他必須要完成的績效目標，而他的壓力我們看不到，因為他沒有人可以說，所以當主管被瞭解，他會很高興，他要的東西你先完成，你們之間就沒有什麼會阻礙溝通。

洪雪珍老師：最後再問一個問題，我做完問卷之後，發現我和我的主管類型一樣，是不是會比較好溝通？

Marie 老師：通常同質性高比較容易溝通，因為語言一樣，如老虎型最討厭開會，覺得浪費時間，老虎型希望在最短的時間達到目的，如果真的可幫助他解決問題，這樣的會議他才願意開，對老虎型的長官，你有意見也不要在公開場合說，他的情緒會爆發，因為老虎型是一個追求主權或權威的類型，要掌控，到底你是老闆還我是老闆？誰是老大？對他來說還是滿重要的。我覺得任何老闆或主管無論如何都是老大，總是要給他們面子與尊嚴，這很重要。要永遠記得：態度得讓人舒服才是關鍵，像是 90%的貓頭鷹型，孔雀特質的指標都很低，他不吭聲沒什麼行動，但你如果越級、超越他去跟他的主管講，對他來說就走著瞧，因為貓頭鷹型很注重資歷排列，他對他主管的位置認為是他贏來的，每個功績一步一步做過來的，因此非常注重資歷，要記得請他參與，有時候很多貓頭鷹型主管的屬下是老虎型，他覺得你跟他要一大堆東西，是卡到他做事，貓頭鷹型的主管更忌諱你不跟他溝通，直接跳到老闆的老闆，越級溝通。

洪雪珍老師：因為時間的關係，我們把這五種類型，包括行為模式、溝通模式、做事的方式，大致上的做了一個歸類。今天非常感謝 Marie 老師，因為實在太難得，她大部分的時間都在中國大陸，今天可以請她來非常不容易，也很感謝她給我們精彩的說明。今天非常開心，謝謝老師。

透視天賦才華系列一：運用 PDP 與靈性激勵

（【YouTube】Marie 老師主講日期：2019 年 3 月 4 日）

Q　Marie 老師，今天你要談的主題是「透視天賦才華」，我想請問一下 PDP 心理科學和靈性激勵的關聯是什麼？

A　我用我自己的經驗來講，我學 PDP 的頭 8 年，那時候已經有了輔導的客戶，一共 10 萬多個案例，所以我在教練方面也教了非常多，我發覺有一些瓶頸，剛好是我前面所說的，因為我代理的另外一個領導力品牌「LMI」，其想體驗當時流行的「組織扁平化」，所以全球由「Rookie 5 年內的代理」為白老鼠執行此實驗，參與此任務；在天賦上，其實驗執行給我非常大的負面挑戰，我也發現此實驗的職務角色完全與我的初衷無關；經過近 3 年多，由開始投資翻譯到市場面，前後已超過 10 年。我決定不再代理 LMI。

只專心做 PDP，我想把 PDP 這個領域，在我下半生作為教育傳播事業，讓它的價值發揮得更大，「PDP 的價值」更大的開發，讓 PDP 用在更寬廣無限、更大的領域。

在那時，我也完成了文化領域和政治經濟傑出人物的案例，共 8 本著作，在文化的領域對我的震撼很大，如我訪問了「聖嚴法師」，也訪問一些從事社會運動的、很有勇氣的案例。這塊領域包括宗教、各行各業、社會運動改革的人，對我來說是滿大的衝擊，在做我最愛的、透過使用 PDP 系統工具來瞭解更多各行各業傑出的前衛案例，也讓我無侷限地去看這些人，非常客觀地看到這些人如何使用其天賦特質，而不只是從我自己的專業角度去看。

我在學的時候心裡有點壓力，因為我也是經營教育事業的人，我已把留美時買的華盛頓豪宅賣掉，破釜沉舟的在做這下半生的事業，我心裡還是有一些擔心害怕，不曉得如此一來我可以走多久？雖然我的辦公室也搬了，且不到以前辦公室面積的 20%。

我就是要確認我是做自己最愛的、最前瞻的，可是我又不想做烈士……

大概可分兩個階段吧！第一個階段，是我上了恰克博士的心靈成長課，這幫助我打開了我和爸爸的心結，當時剛好是我結婚第 7 年，也幫助我和我老公真正的把「心門打開」，開始更信任、更臣服的連結，我發現原來以前雖然也做我自己最愛的事，但是心中還是有些擔心害怕，比如我最愛的人，我的爸爸為什麼會這樣對我？那個結當時還沒有打開，由於恰克博士那邊太多學生，300 多個，我不喜歡表面的社交，上課時常感覺情緒還有很多的混亂得釐清，下課要跟這麼多同學互動又有些混亂，於是我又與克里斯多福老師結緣，他的學員比較少，就是幾 10 位，因此下課時我也不會受同學們的干擾；我覺得我跟他的緣分較適合，我可以很專心的上課，第一次上他的課已經是 22 年前了，我上恰克的課是在 23 年前，中間都沒有停過，都在靈性成長的這一塊領域，我與別人有連結，我怎麼樣把心理科學和靈性開發的激勵表達出來，還有我在 2015 年時通過生命教練考核，也成為「生命教練」。

猶記得在 1999 年第一次上課時，我即問克里斯多福老師：你覺得人真的是「有無限的潛能」嗎？他說：是啊！只要你跟你自己的內在連結，你每次都會像泉水一樣，每次的體驗都不一樣，就像源源的泉水般有滿滿的生命力，我那時一聽完，有很大的動容與感觸！知道我和爸爸的「心與心的連結有望」！那一次對我來說是滿大的震撼，我淚流滿面，在就心裡告訴自己：這是我一定要學的！

如今即使自己已成為「生命教練」，也一共上了 400 多天的體驗課，包括現場也協助當小組的資深學長，啟動體驗演練，共 22 年體驗終身學習；每次自己的體驗、天賦特質的釋放都更自信，也體驗了無限的生命力。

透視天賦才華系列二：如何提煉自己的天賦禮物

（【YouTube】Marie 老師主講日期：2019 年 3 月 4 日）

Q Marie 老師，我想您學了 20 幾年的心靈課程，心靈課程的範圍很廣，我想知道您怎麼從中間去提煉出天賦禮物呢？

A 我後來也學習應用在生命教練上，舉個例子，我們在生命上有好多種試煉，一個是金錢的試煉，一個是工做事業的試煉，都離不開你的天賦才華；其他試煉包含與原生家庭的關係，親密關係、親子關係，還有「人際關係」，人際關係即跟你的朋友啊、跟你的同事啊、跟你的上司和屬下，這些都算是「人際關係」；還有一項是你的「健康」。

我最近從深圳回來，那些學生才 30 幾歲，有一個小組共 6 個人，全部的第一優先都是「擔心健康」。我們知道大陸的競爭很厲害，因此他們的工作量比台灣目前不曉得大多少，能夠來上 3 天課，等於每個人都投資了很多的學費，他們在工作上有很多都是高階主管，他們的壓力乃是每天都要工作十幾個小時，在身體面的壓力是很大很緊的。

除了「工作角色」，還會讓他們做目前最關注的「親密關係」。同學大部分都寫「親密關係」，也就是和另一半，這很不簡單，這梯次男性同學有 3 個，都很願意關心自己的親密關係，女性有 2 位寫親密關係，其他人寫親子關係。剛才提到「健康」，還有「我是誰？」，這就是「自我身分認同」，表示我在這個世界上，我的英雄之旅，「我的生命道路」要往哪裡去？我們個人是這樣，如果是企業，還包括一個企業的定位、企業的價值觀與願景，我們的功課，都包括個人還有其「企業團隊」。我現在比較聚焦於個人，因為我們的個性和父母親都不一樣，在生命的旅程中都會有很多迷失。

我用我個人的具體例子，因為案例這麼多，用我自己的例子再與同學連結，再擴散就比較容易。就像我大學剛畢業，要去美國留學的時候，當時我即在耕莘文教院做過問卷。和問卷相比，PDP 更可以看出我的特質，且以更完整、更精準的指標凸顯出來，如我的個性特質是孔雀型，我很喜歡與人分享，且我這一輩子都有「赤子之心、天真無邪」，很注重溝通中的腦力激盪，有很多創意，也喜歡去鼓勵人，只要我做主人，我在的場合，會讓整個氣氛比較輕鬆好玩，大家可以打開心門，我這樣的個性特質，能做什麼呢？大四畢業時，我在耕莘文教院做過類似的性向問卷，雖都只是文字，沒有像 PDP 列出強度表的指標，強弱度更具體，可是以我那時大學剛畢業的年齡，報告顯示我適合當老師，這很對啊，我在大學時代就做了 3 年晚上的英文補習班老師，另外顯示我很適合做「行銷、廣告創意，還適合做媒體傳播、記者，也適合做牧師」，適合做這麼多的職業，我現在回顧，但它沒有寫到適合當「作家」，只有作家沒寫到，因為傳播媒體裡面很廣泛，記者也適合，但沒提到「專欄作家」，所以我回來台灣，中年轉業從事 PDP 的教育傳播事業，剛好我有看古今中外人物傳記的嗜好，我的第一本著作是政治人物的 PDP 案例；第二本著作是政治思想家與經濟上傑出人物的 PDP 案例；第三本著作是談女性傑出人物的 PDP 案例。我原來出國留學，在事業上只有發展「經營管理」，也沒想到我後來又可以做「專欄作家」，這些都是「天賦禮物」，其實最重要乃是說「你只要信任你的英雄之旅」，你不管有多少考驗，你這一生在不同階段，天賦禮物也是不同的，且會一直不斷的釋放，如同電影與小說《魔戒》。

透視天賦才華系列三：如何覺察自己情緒被壓抑住了

（【YouTube】Marie 老師主講日：2019 年 3 月 4 日）

Q Marie 老師，我想瞭解老師您的天賦禮物，您的人生在不同階段都可以釋放不同的天賦禮物，如：老師從行銷、留學前當記者，到回台後「領導風格」專欄作家，再到出了很多本書的作者，我們怎麼從自己日常的生活行為中去覺察到自己的天賦禮物是否被卡住了呢？

A 我們的天賦才華，像我剛剛舉我個人的例子，就從我大二10 幾歲，到我進入 40 幾歲這個過程中，是不是不同階段，我們一生的天賦禮物會不斷的釋放？其實我生命中，大學畢業時也不知道要做什麼，我只知道國父說「要做大事」，若能服務一個人就一個，服務十個人就十個，這也是說人的潛能無限，看你能服務多少人？就服務多少人！

我們每個人都有自己的天賦才華，當我在從事 PDP 心理科學的時候， PDP 本身就是專業的輔導系統，可做「一對一教練」，也可做「團隊教練」。對世界各國的世界級龍頭產業的 CEO，還有他的所有高階主管，也做他們高管的個人教練；其中「個人教練」剛好也運用到我的天賦，我很喜歡享受與人「心對心」的連結，也喜歡把希望與可能性帶給對方，如看到對方的天賦及可能性的發展。也喜歡把這個人目前卡到的地方讓他知道，包括他的行為、個性、特質、耗能量是正面的或負面的，他的天賦本我是什麼？從這裡也可以讓他體驗與啟發！

其實從我們自己的生命中，每天的生活行為為例，當你拒絕一個人即你乃抽離，這也是一種自我察覺的方式。另一個是生氣，我們知道，通常高階主管的責任越大，壓力就越大，所以越高階的主管，他內在的挫敗感越大、越孤單、越沒人瞭解。要不悶著，要不發脾氣，而這兩種都容易生病，很多有名的人，心臟 bypass 手術開刀不曉得多少次，在這個社會上，很多有名的企業家都是如此！剛才提到「拒絕」，拒絕的方式有的是「抽離」，另外一種是期望，也就是過高的期望自己或過高的期望對方，對象可能是你的父母、可能是你的另一半、可能是你的子女、可能是你的同事、可能是你的屬下、可能是你的上司，這些都是期望，如在日常生活中你有哪些行為？你怎麼檢視自己？第三種除了生氣拒絕，還有「我做的一切都是要證明給父母看」，想證明「我是有價值的」，或是期望向外證明，而不是從內在贏回自己，表現給父母看，或是給那些你很在意的人看，就是向外證明，還有看似做了很多高貴的行為，底下的起心動念卻是想去掠奪，不屬於你的，你還想要！在我們華人的社會，這叫作偽君子。

我舉個例子，我們怎麼樣從這樣的行為來檢驗自己？要和自己的不舒服連結在一起，所謂不舒服包括「很深的創傷」，或者是一直重覆發生的問題，可能很深也可能很淺，例如川普，他跟他的老婆第一夫人出外訪問以色列，下飛機的時候他牽著他老婆的手，老婆卻把他的手扔掉、甩開，他表現得也沒怎樣，他這種就是屬於抽離型的個性，因為在大家面前，所有的攝影機都照著他對不對？他表面上情緒沒有被影響，事實上他這是抽離的行為，我們看到他乃是長期的生意人，他做生意也不曉得失敗了多少次，都是用州政府的錢翻身，如今他好像變成羅賓漢，幫白人最底層的那些人講話，他說得很清楚，他這一生中最愛的有兩件事，一個是金錢，一個是美女。另外，他不愛看書，一天到晚只看電視，他還看自己製作了 13 年最有名的電視節目「誰是接班人（you are fired）」，看什麼人一不順眼就被他開除了，這些都是他最典型的行為。

再以歐巴馬為例，在 11 年前他競選美國總統的時候，12 年前他寫過自己的傳記，他的生命故事，寫他 10 幾歲的時候，他想到黑人沒有未來，非常頹喪，他那時候還抽大麻，可見他心裡的創傷，雖然在大學時代他是念哥大，後來又去念哈佛大學研究所，但他在紐約的大學時期，是他人生最挫敗的時期，而他看到這些街上的遊民都是黑人，他就把他內心那塊創傷，在傳記裡面誠實地分享告訴大家，所以他算是非常坦露這些內心的不舒服、被社會拒絕，同樣是被拒絕，他沒有卡到，沒有再停留在那陰暗面，歐巴馬是以他人生中情緒低潮期的內心世界，寫出自己的生命故事。回顧歐巴馬當時，正在學校當教授，且教美國憲法很久了，也是政治人物，是眾議員。他選總統之前，他先寫出他的整個生命故事，在決定畢業後要做什麼人生職涯時，他回到非洲他爸爸的墳前，很難過地去和爸爸連結起來，我想這對他來說是一個生命創傷最深處的連結，所以後來我們可以看到，哇！這位美國總統，也是第一位黑人總統，這個生命舞台就為他打開了！

如川普，老天給了他當上美國總統的這個舞台，一定有老天的原因，就像川普的律師也說川普從來沒想過他會選上，我說「一個拒絕，一個抽離」，一個是「完全內在的自我接受」，所謂的「天賦禮物」，當歐巴馬的生命定位，他完全接受他是黑人，在這個社會上受到的待遇是不公平的，他能夠很平和地跟他的爸爸和解，歐巴馬的媽媽是白人，歐巴馬一直是念最好的學校，他也經歷過這些頹喪、頹廢的人生，他走過了，他完全接受這些，所以我們可以看到歐巴馬生命的蛻變：他的天賦禮物，他寫的書也變成當時美國最暢銷的書籍，這本書當然對他選總統有很大的幫助。

另外來看希拉蕊，希拉蕊也寫自己，她小時候跟著媽媽搬家後，她和新的鄰居合不來，每次躲回家裡被媽媽看到，媽媽就罵她說：我們家裡不要這種懦弱的懦犬，妳要走出去。媽媽就拎著她的肩膀走出去，和鄰居連結起來，因此也結交了最好的朋友，後來還做了女童子軍。她提到，因為她母親的祖父母那一代都很早離婚，所以她媽媽很堅強，也願意去面對與接受她的創傷，這也是母親對她的期望，她如何穿越這一塊，去和大家分享，她也證明給媽媽看，她是有勇氣的，她不是懦夫，她還做了女童子軍，後來她就走上自己的人生道路，雖然美國總統沒有選上，可能是因為大家覺得她的角色面具成分太多了！我說的期望，對自己的期望和對媽媽的期望，還有拒絕和接受，把期望放下並完全接受自己，希拉蕊後來持續在為女性講話，因為美國一直沒有選出女性的總統。

一個是「期望」，一個「拒絕」和「抽離」，另外還有「掠奪」，掠奪是故意演得很高尚，底下其實是我們每個人都有的一塊——不真心。你問自己，你做每件事情的起心動念是什麼？其實每件事你只要更打開、更誠實面對自己，完全地接受自己每一項在生活中的試煉，例如生氣是很不容易的試煉，像我最愛生氣，但我生氣完內在都會很挫敗，會鞭打自己很久很久，有時候甚至 2、3 個星期，目前我上「心靈成長」課 22 年了，現在覺察得比較快，有時可以在一個晚上很快轉化，可能有的時候速度更快，就是因為能夠真正的接受自己，因為每個人都有負面情緒，負面情緒也是人性的一部分，所以我們只有「先接受自己人性的部分」，我們對別人才能寬容，我們如果對自己這麼「ㄍㄧㄥ」，那麼對別人能夠真正寬容的程度也會受侷限。

當我發覺自己體驗到剛才所說的這幾項考驗，只要常常被卡到，就會上癮，會被黏在一起，就像我所舉的例子，歐巴馬大學的時候抽大麻，他那段時間也上癮了 1～2 年。每個人都會有自己的抱怨，如覺得社會不公平、對黑人不公平、覺得被社會拒絕，歐巴馬的內心如果沒有完全的平和接受，這一個侷限有時候會持續很久很久，甚至一生。歐巴馬有 1、2 年抽大麻，其實是那段時間到 20 幾歲，就有這樣的癮頭。

正如歐巴馬的另一半蜜雪兒的傳記寫到的，她即使成為第一夫人後，仍一直覺得自己不夠好，尤其當川普執政，她感到歐巴馬政府 8 年的努力，使黑人得到的照顧一下子變成「徒勞無功」，川普執政 3 年多後她得了憂鬱症，後來花一整年面對自己內在的脆弱，且每天運動 1 小時，同時也透過電視節目帶動更多的年輕人，把生活過得健康，包括身體健康及心理健康的新生活運動。面對生命的挑戰，終身釋放與開發「自己的天賦才華」，回顧她從小書唸得好，進最好的學校，立志做到黑人的頂尖，菁英律師、會計師、醫師……等層級的職業。由於愛歐巴馬、崇拜他的格局與視野，她放棄自己律師的高收入高職位，投入做志工，專門訓練年輕人的領導力培訓，當了第一夫人後，同時也在下班後專心做媽媽，這是很好的終身學習案例。

因此，每個人的「天賦禮物」即是有一輩子可釋放及學習的禮物！

人生顧問 429

決勝內在領導力：隱藏在世界領袖中的人格特質與內在領導

作　　者｜張曼琳
圖表提供｜張曼琳
校　　對｜鍾翰婷
責任編輯｜廖宜家
主　　編｜謝翠鈺
企　　劃｜陳思穎
資深企劃經理｜何靜婷
美術編輯｜菩薩蠻數位文化有限公司
封面設計｜斐類設計工作室

董 事 長｜趙政岷
出 版 者｜時報文化出版企業股份有限公司
108019 台北市和平西路三段二四〇號七樓
發行專線／（02）2306-6842
讀者服務專線／0800-231-705　（02）2304-7103
讀者服務傳真／（02）2304-6858
郵撥／19344724 時報文化出版公司
信箱／10899 台北華江橋郵局第九九信箱
時報悅讀網｜ http://www.readingtimes.com.tw

法律顧問｜理律法律事務所 陳長文律師、李念祖律師
印　　刷｜勁達印刷有限公司
初版一刷｜ 2021 年 9 月 17 日
定　　價｜新台幣 300 元

時報文化出版公司成立於一九七五年，並於一九九九年股票上櫃公開發行，於二〇〇八年脫離中時集團非屬旺中，以「尊重智慧與創意的文化事業」為信念。

決勝內在領導力：隱藏在世界領袖中的人格特質與內在領導 / 張曼琳作 . -- 初版 . -- 臺北市：時報文化出版企業股份有限公司 , 2021.09
面；　公分 . -- (人生顧問 ; 429)
ISBN 978-957-13-9372-8(平裝)
1. 領導統御 2. 領導者
541.776　　110013897

ISBN 978-957-13-9372-8
Printed in Taiwan